Anhelos

INSATISFECHOS

APRENDIENDO A ESPERAR A LA MANERA DE DIOS

PATY NAMNÚN

B&H
ESPAÑOL
BRENTWOOD, TENNESSEE

Índice

Introducción
Una historia que puede ser la tuya

RECUERDO ESE DÍA COMO SI FUERA AYER... Era 13 de diciembre de 2010; mi esposo y yo celebrábamos nuestro segundo aniversario de bodas. Desde que cumplimos nuestro primer año, teníamos el deseo de tener hijos, pero cada mes nos encontrábamos con una decepción.

Casi al final de ese primer año de matrimonio, decidimos hacernos algunos estudios médicos para ver si algo andaba mal físicamente con alguno de nosotros, y justo el día de nuestro segundo aniversario recibimos los resultados.

En nuestras manos teníamos un sobre blanco con papeles llenos de números que, por más que tratábamos, no lográbamos entender. En ese momento, mi esposo trabajaba con el pastor de la iglesia a la que pertenecimos por muchos años; alguien a quien amamos profundamente y que es una parte importante de nuestras vidas.

Ese día (recuerda que era nuestro aniversario), me vestí bonita y fui a recoger a mi esposo a su trabajo para luego salir a cenar y celebrar. Antes de irnos, le entregamos el sobre blanco a nuestro pastor, que también es médico. No teníamos idea de lo grande de la noticia que estábamos a punto de recibir. Tras comprobar los resultados, él nos dijo que, humanamente hablando, era muy poco probable que pudiéramos tener hijos... En ese momento, sentimos que el mundo se nos venía encima. No sabía qué pensar ni cómo reaccionar; no sabía qué decir. Era como si esa noticia hubiera arrancado algo de mi corazón que ni siquiera tenía. Era como si me hubieran alejado de alguien a quien amaba pero que nunca había conocido.

Imagínate, casi todas las mujeres sueñan con su historia de princesa en la que encuentra a su príncipe azul, tienen hijos y viven felices para siempre, y ese día, pensaba que mi historia de princesa había quedado incompleta.

A partir de ese momento pasaron nueve años en los que, mes tras mes, al ver que los hijos no llegaban, mi oración se convirtió en la letra de una canción que dice: «Dame la esperanza para mañana y la fuerza para hoy». Cada mes con el vientre vacío, cada retraso con resultados negativos, cada amiga que salía embarazada y yo todavía no, era una prueba para mi corazón, pero sin lugar a dudas produjo resultados, porque ni por un momento Dios dejó de trabajar en mi corazón.

Durante ese tiempo de espera, debo confesarte que en muchas ocasiones me sentí desesperanzada. Sentía como si Dios me hubiese olvidado y llegué a pensar que lo único que me quedaba por delante era la resignación.

A pesar de mí, y aun en medio de mi pecado, con Su mano amorosa y perseverante el Señor me llevó a crecer en tantos ámbitos distintos y a pesar de la tristeza que con frecuencia podía tener en mi corazón, la certeza de Su compañía y Sus buenos propósitos para nuestra vida se fueron haciendo cada vez más reales. En mi proceso de espera y en medio de ese anhelo que parecía que nunca llegaría a cumplirse, el Señor me llevó con frecuencia al salmo 13, y cada vez que lo leía sentía que sus palabras describían completamente mi situación. Cada versículo pintaba de una manera certera mi sentir y a la vez me mostraba al Dios lleno de bondades y misericordias que estaba en medio de mi situación.

¿Hasta cuándo, oh SEÑOR? ¿Me olvidarás para siempre?
¿Hasta cuándo esconderás de mí Tu rostro?
¿Hasta cuándo he de tomar consejo en mi alma,
Teniendo pesar en mi corazón todo el día?
¿Hasta cuándo mi enemigo se enaltecerá sobre mí?
Considera y respóndeme, oh SEÑOR, Dios mío;
Ilumina mis ojos, no sea que duerma el sueño de la muerte;
No sea que mi enemigo diga: «Lo he vencido»;
Y mis adversarios se regocijen cuando yo sea sacudido.
Pero yo en Tu misericordia he confiado;
Mi corazón se regocijará en Tu salvación.
Cantaré al SEÑOR,
Porque me ha llenado de bienes.

Puede que mi historia sea tu historia porque, igual que yo, sabes lo que significa esperar por algo anhelado. Quizás tu espera sea también por un vientre que Dios llene con hijos, o quizás es un esposo que hace tanto tiempo que esperas. Puede que tu corazón esté deseando sanidad física para tu vida o la de un ser querido, o que tu espera sea por la restauración de una relación rota.

Si tu corazón anhela algo, has vivido en carne propia lo que dice Proverbios 13:12: «La esperanza que se demora enferma el corazón, pero el deseo cumplido es árbol de vida». Aun en el dolor, podemos estar seguras de que Dios no desperdicia nuestros tiempos de espera; es más, Él está obrando activamente en medio de ellos, y aquello que tanto anhelamos y que no hemos recibido, aunque no siempre se sienta de esa manera, es una evidencia de Su amor para nuestras vidas y Sus buenos propósitos, porque Dios siempre sabe lo que es mejor.

No sabemos cuándo terminarán nuestros tiempos de espera; no sabemos si nuestros anhelos llegarán a verse satisfechos; pero mientras esperamos, podemos aprender de la espera de una manera que glorifique a Dios, con un corazón lleno de esperanza que deposite su confianza en Su gran misericordia y que pueda regocijarse en Su salvación.

I

El dolor en la espera

EL DOLOR ES REAL. Solo tenemos que haber vivido lo suficiente para saber que genuinamente la vida duele. A veces, el dolor que experimentamos puede verse en una situación momentánea, y en otras ocasiones, sentimos como si nuestro dolor no tuviera final. Hay momentos en los que nuestras lágrimas son nuestro alimento día y noche. Situaciones en las que el dolor es tan grande que sentimos que un pedazo de nosotras mismas nos ha sido quitado. Vivimos en un mundo en el que los anhelos insatisfechos están continuamente presentes en nuestras vidas. Desde pequeñas experimentamos la realidad de que no todo lo que deseamos lo tendremos de manera inmediata o quizás nunca lo lleguemos a tener.

Los anhelos insatisfechos traen dolor. En el salmo 13, que estaremos usando como eje a lo largo de este libro, vemos esa experiencia compartida de sufrimiento en medio de un anhelo insatisfecho, en la vida del rey David.

Dios dijo que David era «un hombre conforme a Su corazón» (1 Sam. 13:14). David fue un general, un rey y autor en las Sagradas Escrituras, y nada de esto lo libró del dolor y de la experiencia de anhelos insatisfechos. No solo padeció dolor, sino que también experimentó diferentes sentimientos que muchas veces nos arropan en medio de nuestros anhelos insatisfechos.

El salmo 13 comienza con las palabras: «¿Hasta cuándo, oh SEÑOR?». El salmista no está haciendo esta pregunta esperando una respuesta. Esta pregunta expresa el sentimiento de «ya no puedo más», «ya no aguanto este dolor». ¿Alguna vez has estado ahí? Yo sí.

La pregunta con la que este salmo comienza nos da una sensación de que, para David, este sufrimiento parecía que no iba a terminar.

Para el tiempo en el que escribo este libro, mi hija más pequeña fue hospitalizada por dos días. Gracias a Dios no fue nada grave, pero esos días de incomodidad, de incertidumbre y de dolor al ver a nuestra pequeña enferma se sintieron como una eternidad.

En medio de la espera, nuestros corazones se duelen, porque muchas veces hay algo legítimo que no nos ha sido concedido, y tampoco tenemos la certidumbre de cuándo o si algún día llegará.

Tal vez hace mucho tiempo que estás lidiando con una dolorosa enfermedad en la que no parece haber salida. Quizás hace meses o años que estás desempleada. Puede que haga mucho tiempo que estás lidiando con un hijo rebelde y esto te haya ido desgastando. Es posible que haga mucho tiempo que estás cuidando a alguno de tus padres con una enfermedad que no mejora y, en medio de todo esto, te preguntas: «¿Hasta cuándo, oh Señor?».

Pero en el salmo 13, David no se queda solo con esta pregunta. Algo más se agrega a la incertidumbre y es el sentimiento de que Dios lo ha olvidado y que ha escondido Su rostro de él:

... ¿Me olvidarás para siempre?
¿Hasta cuándo esconderás de mí Tu rostro? (v. 1)

David tenía el sentir de que en medio de su aflicción, Dios lo había olvidado. De que ya había dejado de importarle la situación de Su siervo y por eso todavía permanecía en ella. Este sentir de David es uno que muchas veces se asoma en medio de nuestra aflicción. Sentimos que no tenemos lo que anhelamos porque Dios se ha olvidado, porque nuestras vidas no le importan lo suficiente como para atender y responder a nuestro clamor de la manera que tanto esperamos.

La pregunta es si de verdad Dios olvida a Sus hijos, y la respuesta a esa pregunta es definitivamente no.

¿Puede una mujer olvidar a su niño de pecho,
Sin compadecerse del hijo de sus entrañas?
Aunque ella se olvidara, Yo no te olvidaré.
En las palmas de Mis manos, te he grabado;
Tus muros están constantemente delante de Mí
(Isa. 49:15-16)

En medio del dolor por nuestros anhelos insatisfechos, necesitamos cuidarnos de la tentación de definir a Dios en base a nuestros sentimientos. Dios no cambia. Él es lo que es sin importar mis circunstancias. Él es quien es sin importar mis sentimientos.

Mi querida amiga, tus sentimientos no definen la verdad. Aquello que es verdad es lo que debe guiar tus sentimientos.

Dios no se olvida de los Suyos. Que Dios nos olvide implicaría que algo ha cambiado en Su ser, que de alguna manera Sus afectos hacia nosotros son distintos, que ha perdido interés en nuestras vidas. Pero la realidad es que el amor de Dios hacia nosotras es un amor eterno. Un amor que no depende del receptor, sino de Aquel que ama.

El amor del Señor hacia nosotros es un amor incondicional, un amor que busca el bien mayor de aquel al que ama. Un amor de un compromiso total. Jesús nos amó y lo hizo hasta el fin, hasta que no tenía más nada que dar porque lo había entregado todo. Un amor como ese no olvida. En medio del dolor por tus anhelos insatisfechos, recuérdale a tu alma esa verdad. Recuérdale que Su amor no cambia y que no hay manera de que Él pueda olvidar a aquel por el que pagó precio de sangre.

Algo más que vemos a David experimentar en medio de su dolor es sentir que Dios ha escondido Su rostro de él. Este sentir no es poca cosa, porque la idea de que alguien le vuelva la cara a otro implica rechazo.

Mi primera mascota luego de haberme casado fue Susy, una chihuahua hermosa de color negro con una personalidad muy marcada. Cuando tenía ya un año con nosotros, nos ofrecieron regalarnos otra chihuahua de los mismos padres de Susy y decidimos tomarla.

Recuerdo que cuando llegamos a la casa con esta nueva perrita, entré con ella en mis brazos. Susy olfateó a la nueva integrante de la familia de arriba a abajo y, al final de ese proceso, su conclusión fue que no la quería en la casa, pero la manera en la que nos mostró esto no fue rechazando a la otra perrita, sino rechazándome a mí, quien la entró a la casa. Susy me mostró su rechazo durante dos largas semanas, volviéndome la cara cada vez que la llamaba o le hablaba. Sí, así como lees.

Esta chihuahua miraba en la dirección opuesta a mí y, si yo pasaba por el mismo lugar en el que ella estaba, caminaba lo más pegada a la pared posible para ni siquiera tocarme. Su rostro girado era la evidencia más grande de que estaba resentida por algo que yo había hecho, y ella no quería ni verme.

Si Dios nos aparta el rostro, nos está rechazando. Si Dios solo me ha olvidado, entonces cuando se acuerde de mí, hará algo. Pero si ha ocultado Su rostro, entonces sabe que estoy allí y se aleja conscientemente.

La realidad es que Dios no le vuelve la cara a ninguno de Sus hijos. Jesús, mientras cargaba el peso de nuestros pecados sin jamás haber cometido pecado alguno, sintió que Dios lo había abandonado, aunque Dios nunca lo abandonaría, porque Él es el Cristo de Dios. Pero en la cruz, Jesús sufrió la ira y el dolor que nuestros pecados merecían.

En Mateo 27:46, hay un pasaje que probablemente has escuchado antes:

Y alrededor de la hora novena, Jesús exclamó a gran voz, diciendo: «Elí, Elí, ¿lema sabactani?». Esto es: «Dios mío, Dios mío, ¿por qué me has abandonado?».

Cuando Jesús pronuncia estas palabras en la cruz, está citando el inicio del salmo 22, uno de los salmos mesiánicos, y este es un salmo que apunta a los padecimientos de Jesús en la cruz y las bendiciones que Su obra traería. Pero cuando el salmo se va acercando al final, fíjate lo que dice:

Porque Él no ha despreciado ni aborrecido la aflicción del angustiado, ni le ha escondido Su rostro; sino que cuando clamó al Señor, lo escuchó (Sal. 22:24).

Dios no aborreció la aflicción de Jesús ni escondió Su rostro de Él, ¿y sabes qué? Que Dios no lo haya hecho con Cristo es la garantía de que no lo hará con ninguno de Sus hijos, porque si estamos en Cristo, somos uno con Él, y en esa unidad encontramos seguridad. «El Hijo divino, por medio de quien todas las cosas fueron hechas (Col. 1:16), quien "sostiene todas las cosas con la palabra de Su poder" (Heb. 1:3), Aquel sin cuyo constante cuidado y guía toda la realidad molecular se desmoronaría (Col. 1:17), a Él estás unido. No mediante actividad propia alguna, sino por la pura y poderosa gracia de Dios, has sido envuelto en el triunfante y tierno gobernante del cosmos. Por lo tanto, nada puede tocarte si no lo toca a Él. Para llegar a ti, cada dolor, cada asalto, cada decepción tiene que pasar por Él. Estás protegido por un amor invencible. Todo lo que llega a tu vida, por difícil que sea, proviene del tierno cuidado del amigo de los pecadores y a través de Él. Él mismo siente tu angustia aún más profundamente que tú, porque eres uno con Él».[1]

¡Cuán gloriosa es nuestra unidad con Cristo! Hay momentos de nuestra vida en los que, así como David y como nuestro mismo Señor mientras estaba colgado del madero, podemos sentir que Dios nos ha vuelto la cara, pero qué descanso es saber que Él no desprecia nuestra aflicción ni aparta su rostro.

Mi querida amiga, que Dios no nos conceda aquello que anhelamos no se traduce en Su rechazo. Dios ama cuando extiende Su mano para dar y también cuando dice que no. Dios ama cuando nuestras vidas están llenas de alegrías y cuando nuestros anhelos más grandes no son satisfechos. Dios nos ama en todo tiempo.

---

1. Dane Ortlund, *Deeper* (Wheaton, IL: Crossway, 2021), pp. 65-66.

Durante los nueve años que mi esposo y yo anhelamos hijos, esta fue una verdad que tuve que recordarle a mi alma con mucha frecuencia. Tuve que recordarme que Dios no me amaba menos porque mi vientre estaba vacío, y no amaba más que a mí a las que sí les daba hijos.

Otras veces, entre lágrimas, iba delante de Él en arrepentimiento por haber decidido creer que me había olvidado y que ya no le importaba mi dolor. En todo, Dios me extendió Su misericordia y me enseñó que Él puede con mis incredulidades y no le tiene miedo a mis temores.

Si, igual que David o que yo, estás experimentando el sentimiento de que Dios te ha olvidado y de que te ha vuelto la cara, no permitas que tus sentimientos o tus experiencias definan lo que vas a creer. Decide creer a quien te amó tanto que dio Su propia vida. Decide creerle a quien con amor eterno te ha amado y a quien estás unida por siempre. Decide confiar y descansar en Su amor.

Un mal consejero

Una de las cosas que solemos hacer en medio de la incertidumbre es buscar consejo en otros. Queremos que alguien más nos ayude a ver nuestra situación y darnos cuenta de si hay algo que no hemos estado viendo.

En medio de su dolor y de cada uno de los sentimientos que David experimentó, él comenzó a buscar consejo pero, en su caso, no fue uno muy apropiado:

... ¿Hasta cuándo he de tomar consejo en mi alma,
teniendo pesar en mi corazón todo el día?... (v. 2)

El pensamiento de que Dios lo ha olvidado y que esconde Su rostro de él lo lleva a una introspección no sana. Es como si David estuviera preguntándose el porqué de su situación. Por qué está atravesando el valle del dolor, qué ha hecho para llegar adonde está. Pero todo este análisis termina es dejándole un pesar en su corazón porque su engañoso corazón es quien se ha convertido en su consejero.

Cuando el dolor se apodera del corazón de los hombres, sus miserables víctimas se agitan violentamente por dentro, y a ellas les resulta más tolerable atormentarse sin obtener alivio que soportar sus aflicciones con mentes serenas y tranquilas —Juan Calvino.[2]

En ocasiones, en medio de nuestros anhelos insatisfechos —especialmente cuando, como el salmista, pensamos que Dios no tiene interés en nuestro dolor—, comenzamos a mirar hacia dentro, y una de las cosas que hacemos es vernos culpables de que Dios no nos conceda eso que anhelamos.

Comenzamos a mirar pecados del pasado y llega la culpa, esa voz continua en nuestro interior que nos susurra lo mal que lo hemos hecho, pero que nos deja sin esperanza porque, en lugar de llevarnos a mirar hacia arriba, nos mantiene mirándonos a nosotras mismas.

Nuestros anhelos no llegan, sentimos que a Dios no le importa y el acusador aprovecha ese terreno para levantar acusaciones contra nosotras en nuestras mentes y comienza a poner signos de interrogación donde Dios ha puesto puntos:

---

2. Juan Calvino, *Calvin's Commentaries*. Comentario del salmo 13. Olive Tree Bible App, octubre de 2021.

Al parecer, Dios no te ama tanto, porque si te amara, te habría dado lo que deseas.

¿Por qué si Dios es tan bueno como dice ha decidido retener esa bondad que tanto anhelas en tu vida?

No hay manera alguna de que Dios pueda perdonar eso que hiciste.

En medio de estos pensamientos que se levantan y de las acusaciones del enemigo, necesitamos responder como nos enseña 2 Corintios 10:4-5:

Porque las armas de nuestra contienda no son carnales, sino poderosas en Dios para la destrucción de fortalezas; destruyendo especulaciones y todo razonamiento altivo que se levanta contra el conocimiento de Dios, y poniendo todo pensamiento en cautiverio a la obediencia de Cristo.

La batalla que se libra en nuestra mente —sobre todo esa que se hace más fuerte en momentos de aflicción— es una que se pelea con armas espirituales.

Cada pensamiento que se levanta contra la obediencia de Cristo, cada acusación del enemigo, cada consejo de nuestras almas contrario a las verdades de Dios, todo esto debe ser sometido a Jesús, en el poder del Espíritu, con la espada de la Palabra y el escudo de la fe.

Quitémosle el título de consejera a nuestra alma y, en lugar de escucharla y creerla, guiémosla hacia la verdad.

Dejemos de mirar hacia dentro porque ahí jamás encontraremos lo que necesitamos de verdad, y comencemos a mirarlo a Él y Sus verdades, y pidámosle que nos dé la fe que necesitamos para creer a pesar de lo que diga nuestro corazón, para abrazar Sus verdades a pesar de que el enemigo grite fuerte.

No está mal que duela

Como hemos visto hasta ahora, son muchos los sentimientos con los que tenemos que lidiar en medio de nuestro sufrimiento, mientras nuestro corazón espera por algo que anhela. Y hay algo más a lo que quiero animarte en cuanto a cuidar tu corazón.

En ocasiones, podemos llegar a tener la errónea creencia de que, como creyentes, está mal que algo nos duela, y puede que hasta, lamentablemente, hayamos escuchado a otros diciéndonos esto. Pensamos que porque estamos en Cristo no hay lugar para las lágrimas, no hay lugar para la tristeza, y esto no puede estar más lejos de lo que la misma Palabra nos enseña y del carácter de nuestro Señor Jesús.

Esperar bien no significa esperar sin dolor, y esta es una verdad que necesitamos entender en medio de nuestro propio sufrimiento y el de otros. En ninguna parte de las Escrituras se nos llama a no tener dolor. Al contrario, se nos garantiza que vamos a sufrir (Juan 16:33) y el sufrimiento, por definición, involucra dolor.

Uno de mis sucesos favoritos en el Nuevo Testamento es la historia de la resurrección de Lázaro, que podemos encontrar en Juan 11. Marta, María y Lázaro eran amigos de Jesús y el pasaje nos deja ver por lo menos en dos ocasiones que ellos eran amigos a quienes Jesús amaba (vv. 2, 5). Juan relata que Lázaro enfermó y, cuando Jesús se enteró, Su respuesta podría sorprendernos:

> Cuando oyó, pues, que Lázaro estaba enfermo, entonces se quedó dos días más en el lugar donde estaba (v. 6)

Jesús sabía con exactitud lo que este «retraso» iba a representar para Lázaro y sus hermanas. En medio de la espera de Jesús,

Lázaro murió y sus hermanas tuvieron que atravesar esa experiencia. No sabían que Jesús lo iba a resucitar y Jesús ni siquiera había ido a verlas todavía. Lo único que sabían era que su hermano había muerto y debían sepultarlo.

Vemos el amor de Jesús por esta familia, y por causa de este amor, Él decidió quedarse. Por causa de ese amor, en vez de salir corriendo, decidió esperar. Pero ¿cómo podía eso ser amor? Si Jesús los amaba tanto, ¿por qué no salió corriendo y les evitó semejante dolor?

El pastor John Piper nos ayuda a entender un poco más esto con esta definición de amor: «Amar es hacer lo que tienes que hacer, o lo que Dios tenga que hacer, a cualquier coste, para que se manifieste la gloria de Dios».[3]

Ser amado es recibir más de Dios, aunque sea a través del dolor, pero esa realidad no tendrá ningún sentido para nosotras mientras estemos sentadas en el centro de nuestras vidas. Pero, si Cristo es nuestro tesoro, entenderemos que lo mejor que nos puede pasar es tener más de Él.

Les sugiero que es porque Dios nos ama que nos da el don del sufrimiento. El dolor es el megáfono de Dios para despertar a un mundo sordo. Verás, somos como bloques de piedra en los que el escultor talla las formas de los hombres. Los golpes de su cincel, que tanto nos hieren, son los que nos hacen perfectos.[4]

Entonces, Jesús llegó donde ellos estaban cuando Lázaro ya hacía cuatro días que estaba en el sepulcro. Cuando Jesús llegó

3. John Piper, *Even When It Hurts*, 11 de agosto de 2019. https://www.desiringgod.org/messages/even-when-it-hurts
4. C.S Lewis, *The Problem of Pain* (Nashville, TN: HarperOne, 2001), p. 91.

a Betania, María fue donde Él estaba, y el pasaje nos dice que se echó a Sus pies llorando, y todos los que estaban a su alrededor lloraban también.

Y cuando Jesús la vio llorando, y a los judíos que vinieron con ella llorando también, se conmovió profundamente en el espíritu, y se entristeció (Juan 11:33).

Luego, Jesús les pidió que lo llevaran donde estaba Lázaro, y aquí viene algo más que quiero mostrarte: «"¿Dónde lo pusieron?", preguntó Jesús. "Señor, ven y ve", le dijeron. Jesús lloró» (vv. 34-35). Si conoces la historia de Lázaro, sabes que en esa ocasión él no se quedó muerto porque Jesús lo resucitó, pero ¿por qué se entristeció Jesús si sabía lo que iba a hacer? ¿Por qué en lugar de decirles a María y a los demás que dejaran de llorar porque Él lo iba a levantar de entre los muertos, Su respuesta fue llorar con ellos? Porque, a pesar de lo que Él iba a hacer, aquellos a quienes amaba estaban experimentando dolor. Jesús lloró por el dolor de Sus amigos. Jesús lloró por la realidad de la muerte. Jesús lloró porque Él es el Dios de gran compasión.

Y sí, definitivamente Él tenía un propósito mucho mayor. Sin duda, iba a usar ese dolor para Su gloria, pero aun así, se dolió con ellos; aun así, se entristeció por el dolor de Sus amigos.

Dios obra en nuestras vidas a través del sufrimiento. Cada anhelo insatisfecho es parte del plan perfecto de Jesús para darnos más de Él, pero Él sabe que duele y no minimiza nuestro dolor, sino que nos muestra Su compasión.

Porque no tenemos un Sumo Sacerdote que no pueda compadecerse de nuestras flaquezas, sino Uno que ha sido tentado en todo como nosotros, pero sin pecado. Por tanto, acerquémonos con confianza al trono de la gracia para que recibamos misericordia, y hallemos gracia para la ayuda oportuna (Heb. 4:15-16).

Este mundo es duro, la vida es difícil, hay dolor, el sufrimiento es real. No está mal que duela, pero nos dolemos como aquellos que tienen esperanza. Nos dolemos sabiendo que el Dios de los cielos entiende nuestro dolor mejor que nadie y nos extiende Su compasión.

No está mal llorar, pero lloramos recordando que nuestras lágrimas caen delante de Su trono. Nos acercamos con confianza al trono de la gracia sabiendo que en Jesús, nuestro sumo Sacerdote que nos entiende, encontraremos la ayuda oportuna, y solo en Él estamos seguras.

Un amor que nos da seguridad

Si hay algo que todas necesitamos en medio de nuestros anhelos insatisfechos es la seguridad de sabernos amadas. Las circunstancias difíciles son más fáciles de soportar cuando tenemos a alguien a nuestro lado en quien podemos apoyarnos y que sabemos que nos ama. El amor es un motor que nos mueve.

Pero el amor de este lado de la gloria es un amor que falla, que duele, que es completamente condicional. Esa realidad siempre nos deja deseando algo más, y gracias a Dios contamos con un amor infinitamente superior.

La seguridad que nos provee el sentirnos amadas se vuelve mucho mayor cuando entendemos el gran amor con el que hemos sido amadas por nuestro Dios en Jesús. Porque no es solo que alguien nos ama, es que ese que nos ama es el Dios y Señor de todo lo que existe, el Creador y Sustentador del universo. Ese que nos ama es el que controla todo con Su sola palabra. Aquel que nos ama nos conoce por completo y aun así, Su amor es seguro. Mira conmigo este pasaje de 1 Juan 3:1-3:

> Miren cuán gran amor nos ha otorgado el Padre: que seamos llamados hijos de Dios. Y eso somos. Por esto el mundo no nos conoce, porque no Lo conoció a Él. Amados, ahora somos hijos de Dios y aún no se ha manifestado lo que habremos de ser. Pero sabemos que cuando Cristo se manifieste, seremos semejantes a Él, porque Lo veremos como Él es. Y todo el que tiene esta esperanza puesta en El, se purifica, así como Él es puro.

En los primeros versículos de este capítulo, Juan comienza llamando la atención de sus lectores al gran amor que habían recibido del Padre. Ese amor tiene una manifestación evidente que lo hace grande, sin igual: «Que seamos llamados hijos de Dios». Genuinamente, ser llamados hijos de Dios es una muestra de Su gran amor, porque lo que esto implicó no fue poca cosa.

Dios no hizo a Sus hijos como un grupo de personas obedientes, llenas de bondad que lo único que necesitaban era un poco de orientación en sus vidas, pero que estaban deseosas de recibirla. ¡Esto no podría estar más lejos de la realidad!

Mira lo que la Biblia dice de nosotras:

- Vivíamos en las pasiones de nuestra carne (Ef. 2:3)
- Estábamos muertas en nuestros pecados (Ef. 2:5)

- Vivíamos obedeciendo al príncipe de la potestad del aire (Ef. 2:2)
- Éramos hijas de ira (Ef. 2:3)
- Nuestra garganta era un sepulcro abierto (Rom. 3:13)
- No teníamos temor de Dios (Rom. 3:18)
- No queríamos a Dios, ni deseábamos buscarlo (Rom. 3:11-12)

Esa es la clase de personas que Dios ha hecho Sus hijos. Cuanto mejor entendemos nuestra condición pasada, más podemos ver y apreciar la clase de amor y lo que significó que, si estamos en Cristo, Dios nos llame Sus hijas.

Todas nosotras somos malas y pecadoras, y esa era nuestra condición. A veces tenemos la tendencia de compararnos con otras y decir: «Por lo menos no soy tan mala como _____»; «Yo nunca haría algo como eso». Pero ¿sabes algo? Nuestra medida no es el otro; nuestra medida es Dios, y delante de ese Dios justo y recto, todas nos quedamos cortas.

Todas hemos ofendido Su estándar, y no hay manera de reparar esto con nuestras buenas obras. Alguien tiene que pagar, y como nosotras no podemos, Dios hizo lo necesario para recibir el pago que Su justicia requería y otorgarnos Su perdón.

La ira de Dios debía caer sobre alguien, y ese alguien éramos nosotras... Pero Dios, por causa del gran amor con que nos amó, llevó a cabo Su plan: un plan predestinado desde antes de la fundación del mundo. Alguien completamente perfecto, alguien sin pecado alguno, alguien que fuera Dios pero que compartiera nuestra humanidad, debía pagar en nuestro lugar.

Y eso pasó. Dios envió a Su Hijo que vivió una vida perfecta en nuestro lugar, murió en una cruz y fue el receptor de la ira de Dios. Entonces, el perdón de Dios a nuestro favor viene a través de la obra de Cristo, y la Biblia nos enseña que es un perdón que se otorga completamente por gracia. Nuestra salvación descansa completamente en el inmerecido favor de Dios. El perdón es un favor de Dios que Él nos ofrece de manera gratuita.

La obra de Cristo ha garantizado, para aquellos que estamos en Él, que nuestros pecados no nos serán contados para condenación, porque Él pagó nuestra deuda. Pero el propósito principal del perdón de Dios es la restauración de la comunión. Nadie es perdonado por Dios sin ser reconciliado con Él.

Imagina que tienes una deuda con tus padres, una deuda significativa que no puedes pagar. Y tus padres toman la decisión de perdonar tu deuda. No tienes que pagarles un centavo de lo que le debes, pero ellos te dicen: «Te perdonamos la deuda, pero no queremos volver a verte. No tienes que pagarnos, pero no puedes volver a llamarte nuestra hija». ¡Qué doloroso sería! Si sería doloroso con nuestros padres terrenales, imagina lo que sería si viniera de nuestro Padre celestial.

En el famoso libro de C. S. Lewis, *Cartas del diablo a su sobrino*, Escrutopo, el demonio mayor que está instruyendo a su suplente más joven e inexperto, Orugario, en el arte de guiar a un ser humano al infierno, advierte a su alumno que su tarea es aún más difícil porque el «Enemigo» (Dios) «tiene la curiosa fantasía de convertir en hijos a todos estos repugnantes bichos humanos».[5]

---

5. C. S. Lewis, *Cartas del diablo a su sobrino* (Buenos Aires, Argentina: Editorial Andrés Bello, 1942). Edición para Kindle, ubic. 340.

Bendito sea nuestro Dios porque eso no es lo que hace. Él nos remueve la culpa y nos reconcilia. Él paga nuestra deuda y nos llama hijas.

Dios no envió a Su Hijo a morir en una cruz para tener un club social, o para tener un grupo de amigos. Dios envió a Su Hijo para hacernos Sus hijas, para hacernos parte de Su familia. Mi querida hermana, si has sido perdonada por Dios, tu estado de reconciliación con Él es eterno. No hay nada que pueda quitarte tu condición de hija, ni siquiera tú misma. Tu condición de reconciliada no la perderás jamás, y esto no por ti sino por la obra de gracia del Padre a través de Jesús, por el gran amor que nos ha dado el Padre.

Dios muestra Su gran amor en que, aun en medio de tus más grandes faltas, Él te ofrece Su perdón porque eres Su hija. Dios muestra Su amor en que, en Cristo Jesús, no hay quien te condene. Dios muestra Su amor en que, por la obra de Cristo, no estás sola en medio de las circunstancias difíciles de tu vida. Dios muestra Su amor en que, por la obra de Cristo, tenemos la certeza de que Dios no nos rechaza, no nos voltea el rostro. Dios muestra Su amor en que, por más lejos que hayas estado de Él, Sus brazos están abiertos para recibirte porque jamás perderás tu estado de hija.

Pero las cosas no se quedan ahí...

No sé para ti, pero para mí es perfectamente suficiente que Cristo haya pagado por mis pecados, y que por Su obra yo sea llamada hija de Dios. Pero este pasaje nos deja ver que esto no es todo; hay más. Llegará un momento en el que seremos como Cristo.

Fíjate, hay un sentido en el que nunca podremos ser como Jesús, porque Él es divino, Dios en carne humana, la segunda Persona de la Trinidad. Nunca seremos *como Él* en el sentido de igualdad con Su naturaleza divina. ¡No nos convertimos en pequeños dioses! Pero seremos como Él en unidad espiritual y justicia. ¿Sabías que Dios nos salvó por más razones que mantenernos fuera del infierno? La Biblia dice que Dios nos salvó para conformarnos a la imagen de Su Hijo y hacernos como Jesús. Dios cumplirá ese propósito, y llegará el día en que seremos como Jesús en el sentido de que seremos perfectamente justas.

¿Te imaginas? Llegará el día en que el pecado no habitará más en nosotras ni sufriremos sus efectos:

No tendremos que luchar con malos deseos.

No le hablaremos mal a nadie.

No reaccionaremos con ira.

No tendremos pensamientos impuros.

No vamos a mentir.

No lucharemos con la incredulidad.

¿Y sabes qué más? En eso que habremos de ser y que no se ha manifestado, no sufriremos más, no habrá más enfermedades que nos aquejen, no tendremos más anhelos insatisfechos porque todos los anhelos de nuestro corazón glorificado serán concedidos.

¡Gloria al Señor! No sé a ti, pero para mí, esta es una gloriosa esperanza que me da ánimo en esta carrera y me alienta cuando caigo. Trae esperanza a mi corazón en medio de mis sufrimientos, en medio del dolor por los anhelos insatisfechos.

Pero hay algo más que es el ingrediente esencial que este versículo nos dice: «Porque lo veremos como Él es» (1 Jn. 3:2).

¿Qué crees que hace que el cielo sea el cielo? No es que nuestra abuela o abuelo estén ahí; no es que nuestros padres u otros miembros de la familia estén allí; no es que los ángeles, otros amigos cristianos o la calle de oro estén ahí (Apocalipsis nunca menciona «calles» de oro, ¡solo una *calle* de oro!). Todo eso contribuye al gozo del cielo, pero esos son beneficios secundarios. ¡Lo que hace que el cielo sea el cielo es que Jesús estará allí! Un verdadero hijo de Dios quiere estar con Jesús. Quiere caminar con Él, amarlo más y simplemente estar en Su presencia. ¿Qué sería del cielo sin Jesús? Cuando Pablo piensa en el cielo, siempre parece pensar en Jesús. Nunca dice, cuando la vida es dura y difícil: «Tengo el deseo de partir e ir al cielo»; él dice: «[Tengo] el deseo de partir y estar con Cristo» (Fil. 1:23). Somos hijas de Dios y tenemos la esperanza de que seremos como Él y estaremos con Él.

En medio de nuestros anhelos insatisfechos, tenemos la esperanza de que un día veremos a Dios, de que Sus promesas para hoy y para mañana son sí y amén, y por la realidad de Su amor tenemos la garantía de que estamos seguras en Él aun en medio del dolor y de la aflicción más grandes.

¡Con qué gran amor hemos sido amadas en Cristo al ser Sus hijas, y todavía no se ha manifestado lo que habremos de ser!

Una gloria sin comparación

Hace un tiempo, en mi casa, nos dimos cuenta de que teníamos serios problemas de filtraciones. Tuvimos una época en la que llovía todos los días, y casi en cada parte de mi casa aparecía una filtración.

Comenzamos a probar diferentes soluciones y algunas daban resultado en unas áreas pero no en todas, hasta que tomamos la decisión de hacer algo que estábamos evitando: quitar todas las cerámicas del piso de nuestra terraza, que era la fuente de las filtraciones, y luego cambiarlas por otras.

El proceso fue caótico. Quitar toda la cerámica implicaba destruir todo ese piso. Había polvo por todos lados y los pedazos de la cerámica que estábamos quitando parecían acumularse en una montaña sin fin. Les confieso que pensaba que el desorden nunca iba a terminar. Pero eso que veíamos y que se sintió como un caos era parte del proceso de reparar lo que se había dañado. Mientras todo parecía caótico y dañado, la realidad es que se iba renovando hasta llegar al resultado final.

En una mayor escala, Pablo, quien experimentó múltiples aflicciones en las que padeció en los ámbitos físico y emocional, nos presenta cómo luce esta realidad en nuestras propias vidas cuando atravesamos situaciones difíciles:

> Por tanto no desfallecemos, antes bien, aunque nuestro hombre exterior va decayendo, sin embargo nuestro hombre interior se renueva de día en día. Pues esta aflicción leve y pasajera nos produce un eterno peso de gloria que sobrepasa toda comparación. (2 Cor. 4:16-17)

En estos versículos, Pablo nos presenta dos paradojas que vale la pena contemplar.

La primera es *la paradoja de nuestro ser.*

Nuestros cuerpos se van desgastando minuto a minuto, ¿lo has notado? Solo tenemos que mirarnos al espejo para darnos cuenta de esto. Algunas no queremos admitirlo, pero van pasando los años y las arrugas van llegando, y no solo la edad deteriora nuestros cuerpos, sino también todos los efectos de esta naturaleza caída.

Pero en este versículo, Pablo no nos está hablando solamente de la parte física o de la parte emocional. Está hablando de todo nuestro ser, en todos los ámbitos: nuestra naturaleza caída en su totalidad, como parte de este mundo afectado por el pecado y todas sus aflicciones. Sin embargo, lo que ocurre aquí es una paradoja, porque todo nuestro ser va decayendo pero a la vez va siendo renovado día a día. Las circunstancias difíciles que nos afectan y el dolor por los anhelos insatisfechos van renovando nuestro interior, van produciendo frutos en nuestras vidas. Por eso, Santiago 1 nos llama a tener gran gozo cuando nos encontremos en medio de diversas pruebas, por lo que las pruebas producen en nosotros, por cómo las pruebas nos hacen más como Jesús.

La segunda es la *paradoja de la aflicción*.

Pues esta aflicción leve y pasajera nos produce un eterno peso de gloria que sobrepasa toda comparación. (v. 17)

¿Te diste cuenta de cómo Pablo describe su aflicción?: leve y pasajera. Pero, ¿era realmente leve la aflicción de Pablo? Los primeros capítulos de 2 Corintios nos dejan ver diferentes aflicciones que Pablo atravesó, y entre todas sus dificultades, fíjate el panorama que nos describe 2 Corintios 1:8-9:

Porque no queremos que ignoren, hermanos, acerca de nuestra aflicción sufrida en Asia. Porque fuimos abrumados sobremanera, más allá de nuestras fuerzas, de modo que hasta perdimos la esperanza de salir con vida. De hecho, dentro de nosotros mismos ya teníamos la sentencia de muerte, a fin de que no confiáramos en nosotros mismos, sino en Dios que resucita a los muertos.

El peso de su aflicción era real y, de hecho, casi lo mata. Pero desde la perspectiva de Pablo, en lugar del peso de la aflicción, ahora estaba el peso de la gloria. Y, mientras que la aflicción en Asia lo había abrumado sobremanera, el peso de la gloria era doblemente inconmensurable, es decir, desproporcionado, ¡gloria exponencial!

Para Pablo, la aflicción que una vez sintió como un peso letal alrededor de su cuello ahora parecía ligera en comparación con la carga eterna de gloria. La verdad es que nuestras aflicciones momentáneas nos están preparando para una carga eterna de gloria que no tiene comparación.

Aceptemos la realidad de que los fuegos de las pruebas están purificándonos como un metal que permanecerá en el fuego hasta que nuestro Señor pueda sacarlo y mirar algo más de Su rostro reflejado en nosotras.

Pero ¿sabes qué? El Señor no nos quita la mirada mientras estamos en el fuego. No nos pierde de vista. Bajo Su cuidado, no nos pasamos de fuego.

Ahora, Pablo no nos está diciendo aquí que todas nuestras aflicciones terminarán de este lado de la gloria o de la manera en la que humanamente esperamos que terminen. Lo que sí nos está diciendo es que el peso de estas aflicciones es ligero en comparación con el peso de la gloria de ser transformadas a la imagen de Cristo, y que su duración de este lado de la gloria no tiene comparación con una eternidad en la que seremos como Él y estaremos junto a Él por siempre, y en la que Él ha prometido que hará nuevas todas las cosas.

Cuando el peso de nuestro sufrimiento parezca inaguantable, aferrémonos al peso de la gloria que ha de venir. La obra de nuestro Señor Jesucristo es la garantía de esa esperanza. Lo que Dios está haciendo y lo que Él hará no tiene comparación.

Pero hay algo más en este pasaje que es lo que genuinamente permite que podamos tener esta perspectiva en medio del dolor por los anhelos insatisfechos:

Pues esta aflicción leve y pasajera nos produce un eterno peso de gloria que sobrepasa toda comparación (2 Cor. 4:17)

Mira ahora:

... al no poner nuestra vista en las cosas que se ven, sino en las que no se ven. Porque las cosas que se ven son temporales, pero las que no se ven son eternas (v. 18)

¿Te diste cuenta? Hay una condición para que se produzca en nosotras ese peso de gloria, esa perspectiva, ese perseverar en la aflicción. No es que vienen las pruebas e inmediatamente tenemos la perspectiva correcta y de manera automática resistimos. Pablo nos está diciendo que hay algo que debe pasar en nosotras.

Lo primero a lo que nos llama este pasaje es a «no poner nuestra vista en las cosas que se ven». Fíjate, con los niños pequeños pasa algo interesante. Cuando van creciendo y van descubriendo el mundo, comienzan a aprender la realidad de las cosas, pero al principio, para los niños algo existe o no existe si ellos pueden verlo o no. La realidad para ellos está atada a lo que pueden ver. Todo lo demás es como si no existiera.

Por nuestra naturaleza caída, nuestra tendencia en medio de la aflicción es algo similar a esto. Ponemos nuestra mirada en aquellas cosas que vemos. En lo doloroso de nuestra aflicción, en las consecuencias que está trayendo a nuestras vidas, en la realidad de no tener eso que tanto anhelamos o las implicaciones terrenales que podría haber si nuestra situación sigue igual.

Pero lo que Pablo nos está diciendo es que quitemos nuestra vista de lo que se ve; de eso que percibimos con nuestra perspectiva finita, que es temporal, y que llevemos nuestra mirada a las cosas que no se ven, porque esas son eternas. Pablo soportó sus aflicciones y llegó a verlas como leves y pasajeras porque miró más allá del momento transitorio. Todo lo que vemos con nuestros ojos es temporal. No hay nada que podamos mirar de este lado de la gloria que no sea transitorio. Pero lo invisible, aquello que este pasaje nos está llamando a mirar, es eterno: Dios mismo (Padre, Hijo y Espíritu Santo), las promesas de Dios que aún no se han cumplido, y que son sí y amén en Cristo. Es la realidad de una morada celestial en la que no habrá más dolor ni llanto, donde no habrá más anhelos insatisfechos porque el Cordero mismo estará con nosotras, y Él ha dicho sobre eso que no vemos, sobre eso que no ha llegado: «¡Hecho está!».

Toda esa realidad que nuestros ojos no pueden percibir es completamente real y segura para todo aquel que está en Cristo. Mi querida amiga, en medio del dolor de tus anhelos insatisfechos, te animo a poner tu mirada en Jesús, que se duele contigo y entiende tu dolor. Él no te ha olvidado, no esconde de ti Su rostro sino que te invita a acercarte a Él, asegurándote que no te echará fuera. Su amor no cambia y está formando Su imagen en ti mientras te concede el incomparable regalo de tener más de Él.

Consoladas para consolar

Hace algunos años, mi esposo y yo tuvimos la oportunidad de vivir en Estados Unidos por un tiempo, mientras mi esposo hacía una maestría en teología. Recuerdo que ese tiempo fue bien difícil para mí porque mi grupo de amigos, fuera de mi país, era bien reducido y casi todos tenían hijos, mientras que yo los deseaba y no podía tenerlos. Durante el tiempo que estuvimos viviendo afuera, tuve la oportunidad de conocer a la esposa de uno de los compañeros de trabajo de mi esposo. Ellos también llevaban un tiempo lidiando con un proceso de infertilidad, y nuestro dolor compartido nos hizo conectar muy rápida y fácilmente.

Se nos hizo fácil hablar porque había algo que compartíamos, porque podíamos entender el proceso en el que ambas nos encontrábamos. Nuestras interacciones no fueron muchas ni muy frecuentes porque vivíamos en estados distintos, pero jamás olvidaré un detalle muy especial para mi alma que ella tuvo en medio de mi temporada de espera.

Uno de los días más difíciles para mí durante esa temporada era el Día de la Madre. Esta era una celebración que, en mi círculo de amigos dominicanos que vivían en Estados Unidos, se hacía dos veces, porque la celebración de este día tiene fechas diferentes en ambos países.

Un año, mientras vivía fuera de mi país, el día que se celebraba a las madres en los Estados Unidos llegó un arreglo de flores a mi puerta de parte de esa amiga que había tenido la oportunidad de conocer. Las flores tenían un mensaje que decía: «Alguien más hizo esto conmigo y fue un bálsamo para mi corazón. Hoy quiero hacer lo mismo contigo y consolar tu corazón».

No te puedes imaginar lo que esas flores significaron para mí. Recuerdo cómo las lágrimas corrían por mi rostro porque era la primera vez que recibía flores un Día de la Madre. Ese día, esta amiga había consolado mi corazón por el consuelo que ella misma había recibido del Señor por medio de otros.

En medio de nuestros sufrimientos y anhelos insatisfechos, no debemos olvidar la hermosa verdad que la Palabra nos enseña: somos consoladas para traer consuelo a otros:

Bendito sea el Dios y Padre de nuestro Señor Jesucristo, Padre de misericordias y Dios de toda consolación, el cual nos consuela en todas nuestras tribulaciones, para que también nosotros podamos consolar a los que están en cualquier aflicción, dándoles el consuelo con que nosotros mismos somos consolados por Dios (2 Cor. 1:3-4).

Estos versículos hacen referencia a que Dios, quien es Padre de misericordias y Dios de toda consolación, nos consuela en todas nuestras aflicciones. Pablo, el escritor de esta carta, fue ciertamente uno de los hombres más afligidos que jamás hayan existido. Sufrió frío, desnudez, azotes, encarcelamiento, asalto criminal, naufragio, traición, desolación, deserción y mucho más. La suya era una vida de muerte perpetua: «Porque nosotros que vivimos, constantemente estamos siendo entregados a muerte por causa de Jesús» (4:11a). Aun en medio de su gran variedad de sufrimientos, él pudo decir que Dios lo consolaba en todas sus aflicciones.

Qué hermosa verdad y aliento de esperanza para nuestros corazones que sufren: no existe aflicción de la que Dios esté distante. No existe dolor que Dios desconozca. Él es el Dios que, en Jesús, entiende nuestro dolor a la perfección y trae consuelo en todas nuestras aflicciones. No hay dolor que Dios no pueda consolar.

Pero no es solo que no haya aflicción que Él no pueda consolar, sino que Dios *quiere* hacerlo. Él está infinitamente interesado en traer consuelo a cada uno de Sus hijos en sus diferentes aflicciones. Estas verdades nos traen esperanza porque nos recuerdan que jamás estaremos solas en nuestro sufrimiento, ya que el Padre de misericordias quiere y puede consolarnos como nadie más.

Dios provee este consuelo, pero la idea no es que eso que Él hace en nosotras se quede como agua estancada. Su consuelo tiene el propósito de que podamos extenderlo de la misma manera a otros. Recibimos de Dios misericordia para que podamos extender misericordia. Dios nos consuela desde Su corazón compasivo para que nosotras podamos mostrar ese mismo corazón a otros que sufren lo que hemos sufrido. Él no nos abandona en nuestros sufrimientos para que nosotras no abandonemos a otros en los suyos. ¡Qué hermoso es ver el consuelo de Dios fluyendo entre el cuerpo de Cristo como un reflejo de la unidad en la que hemos sido llamados a vivir!

Mi querida amiga, consolar a otros en los sufrimientos que nosotras mismas estamos experimentando nos lleva a quitar los ojos de nosotras mismas para servir a los demás en su dolor, mientras encontramos nuestra fortaleza y sustento en el Señor. El consuelo del Señor debe extenderse entre Sus hijos como un río que fluye sin fin, porque en este mundo todos sufrimos de alguna manera y para todos hay consuelo en Cristo.

Qué hermoso es cuando una mujer, en medio de una enfermedad, puede dejar a un lado su dolor y traer a otra que está experimentando lo mismo el consuelo que ha recibido de Jesús. Cómo una mujer que ha perdido un hijo puede llorar con otra que está experimentando lo mismo y mostrarle su compasión porque entiende su dolor. Cómo en medio de la crisis económica que ya hemos experimentado podemos señalar a otros que atraviesan lo mismo al Dios que provee y sustenta, y ser esa mano que suple las necesidades de su hermano.

Nuestro sufrimiento jamás debe ser una excusa para escondernos detrás de él, evitando mostrar nuestras debilidades o llevándonos a centrarnos en nosotras mismas y ensimismarnos en nuestro dolor. En lugar de hacer esto, mostramos la belleza del evangelio y el consuelo de nuestro Señor Jesús cuando dejamos que otros vean nuestra debilidad, porque cuando esto ocurre, señalamos a Aquel que es nuestra fortaleza y que puede serlo para otros también. Les mostramos a otros la belleza del evangelio cuando pueden ver que el poder no está en nosotras, sino en Su obra, que el consuelo que hemos recibido ha venido de Aquel cuyas misericordias no tienen fin, y que ese mismo Dios quiere traer consuelo a otros en medio de cualquier aflicción.

Son muchos los que sufren a nuestro alrededor, con los que podemos compartir el consuelo que hemos recibido y traer gloria al nombre de nuestro Señor. En medio de nuestro dolor, no pensemos que no tenemos nada que dar. El consuelo que hemos recibido del Señor podemos mostrarlo de muchas formas: un hombro sobre el cual llorar, oídos dispuestos a escuchar, compañía en medio de la soledad, palabras de aliento y la sabiduría de las Escrituras en tiempos de incertidumbre. Solo hace falta una persona dispuesta a decir: «Recordemos a Jesús juntas». En medio del dolor de nuestros anhelos insatisfechos, extendamos a otros el consuelo que hemos recibido de nuestro Señor.

Mujeres que comparten sus historias

Antes de terminar este capítulo, quiero mencionar que, al final de los primeros seis capítulos, encontrarás una sección llamada «Historias reales». Aquí verás las historias de mujeres a las que conozco de cerca y que en diferentes momentos de sus vidas han experimentado o están experimentando el dolor de anhelos insatisfechos. Ellas han estado dispuestas a compartir con alegría sus historias y las cosas que el Señor ha hecho en sus vidas en medio de sus diferentes situaciones. Esta sección tiene la intención de que ellas consuelen a otras de la manera en la que han sido consoladas por nuestro Señor Jesús. Oro para que esto también sirva de edificación para tu vida.

Historias reales

En febrero de 2020 comencé a darme cuenta de algunos signos extraños en mi esposo. Tenía una lentitud inusual al hacer las cosas y su voz sonaba baja y diferente. Frente a esto, decidí pedir una cita médica para investigar qué podía estar sucediendo.

Mi esposo no quería ir al doctor, porque en ese momento estaba como administrador en una empresa grande que se estaba mudando a otro local, y él estaba a cargo de toda la logística de ese proceso. A pesar de eso, fuimos a la cita y nos refirieron a un centro con especialidad en movimientos anormales, en el que le hicieron las evaluaciones correspondientes.

En todas las evaluaciones no apareció nada preocupante, solo una alteración en su tiroides que se esperaba que mejoraría con medicación y que, entonces, al estabilizarse su tiroides, sus síntomas mejorarían también.

Lamentablemente, la mejoría que se esperaba no ocurrió, sino que mi esposo siguió empeorando y manifestando otros síntomas preocupantes. El tiempo fue pasando y llegó el COVID, lo que hacía que las citas médicas fueran más difíciles de conseguir, y encima de todo, la empresa de mi esposo despidió a un grupo de sus empleados (en su mayoría, mayores de sesenta años) entre ellos estaba mi esposo. En medio de las situaciones de salud, este despido fue un golpe duro para mi esposo, porque él amaba su trabajo y también era consciente de que a sus sesenta y seis años, iba a ser difícil que alguna otra empresa lo fuera a contratar. En medio de todo esto, recibimos la llamada de una neuróloga que necesitábamos ver y nos dijo que estaba tomando citas, así que aprovechamos la oportunidad y fuimos a su consulta.

La visita a la neuróloga y las pruebas físicas y cognitivas que le hizo arrojaron que mi esposo sufría de un parkinsonismo atípico, que abarca un grupo de patologías neurodegenerativas más diseminadas que el Parkinson. Entre estas se encuentran la atrofia multisistémica (AMS). Después de que mi esposo fuera medicado y de haber tenido visitas regulares con la neuróloga por un año y medio, se determinó que este era el diagnóstico final.

Esta enfermedad es un trastorno neurológico degenerativo poco frecuente que afecta las funciones involuntarias (autónomas) del cuerpo, como la presión arterial y el control motor. Es un trastorno progresivo y mortal con un diagnóstico complicado. La AMS es progresiva, no tiene cura y no hay aún un tratamiento efectivo.

Desde septiembre de 2020 hemos estado lidiando con los síntomas de esta enfermedad, probando diferentes medicamentos recetados por su neurólogo y haciendo terapia física y del habla, que es lo único que puede retrasar el avance de la enfermedad (parálisis total y problemas para tragar), y darle una mejor calidad de vida a mi esposo. Pero, aun con todos estos esfuerzos, el avance de esta enfermedad es evidente. De repente, mi esposo pasó de ser un hombre sano que se ejercitaba a diario a tener una enfermedad neurológica incurable que le impide tener una vida normal.

En medio de esta temporada difícil, el Señor me ha llevado a crecer en amor y paciencia, y me ha mostrado la necesidad del fruto del Espíritu en mi vida. Dios ha hecho crecer en mí el amor por mi esposo y me ha llevado a tener compasión de él, y a aprender a ponerme en su lugar con todo lo que ha estado viviendo.

Antes de esta enfermedad, mi falta de paciencia era muy evidente por el orgullo de mi corazón, pero ahora que mi esposo, por su condición, no tiene opción más que hacer todo mucho más lento —desde las cosas más pequeñas como levantarse de la cama—, Dios me ha llevado a morir a mí misma y a responder con paciencia.

La fidelidad del Señor en este tiempo ha sido grande. Lo hemos visto proveer para cada una de nuestras necesidades. Me ha llenado de salud y fortaleza física y emocional para poder servir a mi esposo. Nos ha provisto de soporte en la familia de la fe en la que hemos encontrado no solamente un apoyo espiritual sino una mano que se extiende para servirnos en nuestra debilidad.

Aun en medio de toda esta realidad, sin lugar a dudas sigo teniendo temporadas difíciles. Hay momentos en los que las lágrimas me brotan sin darme cuenta. Tengo miedo de que mi esposo sufra una caída y pienso con temor cómo será mi vida cuando él no esté luego de llevar cuarenta y siete años juntos. Médicamente hablando, el tiempo máximo de vida para esta enfermedad es entre cinco y diez años, y ya lleva tres... No puedo negar que hay momentos en los que eso me llena de temor. En medio de mis temores, trato de hablarle a mi alma y recordarle las verdades de la Palabra de Dios y sus promesas. A pesar de todo esto, hay momentos en que nada me sirve para disipar mi tristeza. A veces, veo una oportunidad de algo que me gusta y que podría hacer y, por mis circunstancias, no puedo. Mis hijos ya son adultos y la etapa en la que dependían de mí pasó hace muchos años, por lo que es difícil en esta etapa de mi vida que alguien dependa de mí de esa manera.

Cuidar a una persona con una enfermedad neurodegenerativa es como volver a cuidar a tus hijos cuando son pequeños, casi como cuando son bebés. Al final del día, termino muy cansada y ahí es que me doy cuenta de que el Señor es quien me sostiene durante todo el día hasta que llega el momento de descansar.

Si no fuera por Jesús y la realidad de Su evangelio, estoy segura de que no podría afrontar la enfermedad de mi esposo. Conocer y descansar en Su soberanía ha marcado la diferencia en mi vida, y saber que Él escribió nuestra historia y tiene un propósito eterno con ella trae consuelo a mi corazón.

La oración de mi corazón es que Él nos ayude a glorificarlo cada día de nuestra vida aun en medio de esta aflicción.

Un vistazo al corazón

1. ¿Alguna vez sentiste que Dios te ha olvidado? ¿En qué momento fue, y qué te llevó a pensarlo?

2. Lee Isaías 49:15-16. ¿De qué manera este pasaje habla a ese sentir que a veces experimentamos de que Dios nos ha olvidado?

3. ¿Te has encontrado en circunstancias en las que has tomado consejo de tu propio corazón en lugar de hacerlo de las verdades de la Palabra? ¿Hacia dónde te ha guiado tu corazón?

4. Lee Juan 13:1. ¿Cómo crees que este pasaje puede traer seguridad a tu alma en medio de tus anhelos insatisfechos?

2

El clamor en la espera

POR MUCHOS AÑOS, oré para que el Señor me permitiera quedar embarazada. Recuerdo como si fuera hoy pedirle entre lágrimas que me concediera el regalo de ser mamá. Le decía que reconocía Su poder y que solo hacía falta que Él quisiera unir un solo óvulo y un solo espermatozoide para que eso que tanto anhelaba sucediera. Muchas oraciones fueron hechas pero ninguna fue respondida de la manera en la que lo deseaba en ese momento, y eso me llevaba a preguntarme si genuinamente valía la pena seguir orando.

¿Por qué seguir pidiendo algo que evidentemente Dios no me está concediendo? ¿Por qué seguir orando si parece que Dios no me escucha o, en el peor de los casos, que decidió ignorarme?

En medio de nuestros anhelos insatisfechos, podemos llegar a sentir que nuestras oraciones son en vano, cuando la realidad no hay mejor lugar que el trono de la gracia para llevar nuestras dudas, frustraciones y los deseos más profundos de nuestro corazón.

La necesidad de orar en nuestro dolor es algo que el salmista entendía. De principio a fin, podemos ver cómo todo el salmo 13 es un clamor al Señor y un reconocimiento de quién Él es y de la condición de nuestro corazón:

Considera y respóndeme, oh SEÑOR, Dios mío; Ilumina mis ojos... (v. 3).

Si hay algo que necesitamos recordarle a nuestras almas —sobre todo cuando nuestros anhelos no son satisfechos de la manera en la que esperamos— es que Dios quiere escucharnos. El Dios creador y Señor de todo lo que existe quiere que nos acerquemos a Él en oración. El Dios que se ha revelado a nosotras, que nos ha hablado primero y nos llama a inclinar nuestro oído a Sus palabras, nos inclina Su oído a nosotras porque quiere escucharnos. Qué realidad tan increíble, ¿no es cierto? Yo conozco mi corazón y sé la incredulidad que hay en mí, y Dios, que la conoce aún mejor que yo, quiere oírme. Ahora, tengamos esto claro. Dios quiere escucharme, pero Él sigue siendo Dios, sigue siendo Señor. La oración se da en un contexto de relación en la que Dios me habla y quiere que le hable, pero no es una relación entre iguales. Él es superior a mí, sigue siendo el Dios sin comparación y yo Su criatura, Su hija a quien Él quiso amar, a quien, por razones que mi corazón no comprende pero agradece, Él quiere escuchar.

«La oración para el cristiano no es simplemente hablarle a Dios, sino responder a aquel que se nos ha acercado. Él ha hablado primero. Esta no es una conversación que nosotros iniciamos sino una relación en la cual fuimos incluidos. Su voz rompe el silencio. Así, en la oración, le hablamos al Dios que nos ha hablado. Nuestras acciones de pedir, clamar, y suplicar no se originan en nuestro vacío, sino en su plenitud. La oración no comienza con nuestras necesidades, sino con su abundancia».[1]

---

1. David Mathis, *Hábitos de gracia* (Ipswich, MA: Editorial Proyecto Nehemías, 2017), pp. 100-101.

El Dios que quiere escucharnos y darnos de Su abundancia nos invita a llevar el dolor de nuestros anhelos insatisfechos delante de Él. Pero hay algo más que necesitamos recordar, y es que nuestras oraciones no deben ser un proceso transaccional.

Mi hijo mediano tiene una personalidad muy peculiar. Cada vez que mi esposo y yo estamos en nuestra habitación y hay algo que él quiere (pero sabe que debe pedirnos permiso para tenerlo), comienza un proceso al que nosotros hemos llamado «rondarnos».

Mi habitación tiene un espejo de cuerpo completo por el que podemos ver el pasillo que está afuera, y cada vez que ese proceso comienza, lo vemos caminando de un lado al otro del pasillo, cada vez más cerca, hasta que entra a la habitación y nos pide lo que quiere.

Su acercamiento en esos momentos es transaccional. Se acerca porque quiere algo, y aunque da muchas vueltas antes, siempre termina trayéndonos su petición. Y en esos momentos, solo entra a nuestra habitación porque hay algo que desea.

Al inicio de este capítulo, te conté cómo oraba continuamente al Señor pidiéndole que me permitiera quedar embarazada pero, en un momento, me di cuenta de que estaba orando justamente de una manera transaccional. Me acercaba a Dios para que Él concediera mi petición; no por quién Él era, no para crecer en mi comunión con Él, sino para obtener algo de Él.

Pero Dios es mucho más que lo que Él puede darnos. Dios es mucho más que Sus bondades. Es digno de que nos acerquemos en adoración, es digno de que vayamos a Sus pies porque reconocemos la irrefutable verdad de que no hay mejor lugar en el que podamos estar, porque no hay nadie como Él.

El pueblo de Israel, en medio de diferentes aflicciones en las que los babilonios habían destruido su ciudad, saqueado el templo, arruinado su economía y los habían esclavizado, reciben esta certeza de parte del Señor, y es para nosotras hoy también:

Me buscarán y me encontrarán, cuando me busquen de todo corazón. (Jer. 9:13)

El Dios de toda justicia, recto, infinito y santo, promete que se encontrará con pecadores como nosotras. Promete que se dejará encontrar por aquellos que de verdad quieran encontrarse con Él.

Sin caretas y con fe

Regresemos una vez más al salmo 13. Si recuerdas los primeros versículos de este salmo, David comienza derramando su corazón con franqueza delante de Dios. Expresa su sentir de que Dios lo ha olvidado y de que ha escondido Su rostro de él, y algo trascendental que vemos aquí, y para el contenido de nuestras oraciones, es la sinceridad.

Fíjate, David no se acercó al Señor fingiendo que sus sentimientos eran distintos. No se acercó con palabras formales y fabricadas. Llegó delante del Señor sin caretas. «Dios así me siento; siento que me has olvidado, siento que ya ni siquiera te importa».

Pero, muchas veces, nuestras oraciones no son tan sinceras como las de David ¿no es cierto? Vamos a Dios y buscamos la manera de maquillar nuestra situación, de quedar bien delante de Él. Tratamos de que nuestras palabras lo impresionen y se nos olvida la innegable realidad de que Dios conoce cada sentir de nuestro corazón, cada palabra de nuestros labios, cada pensamiento aun antes de que llegue a nuestra mente.

... Tú conoces mi sentarme y mi levantarme; desde lejos comprendes mis pensamientos. Tú escudriñas mi senda y mi descanso, y conoces bien todos mis caminos. Aun antes de que haya palabra en mi boca, oh SEÑOR, Tú ya la sabes toda (Sal. 139:1-4).

Y hasta los cabellos de la cabeza de ustedes están todos contados (Mat. 10:30).

Porque Sus ojos observan los caminos del hombre, y Él ve todos sus pasos (Job 34:21).

Dios conoce todo de nosotras y aun así nos ama. Dios conoce lo que somos de principio a fin y aun así quiere escucharnos y que le expresemos el sentir de nuestro corazón tal cual es. Dios puede con nuestras dudas, puede aun con nuestros cuestionamientos sobre Su persona. Él no tiene un problema de autoestima.

Una de las cosas que vemos en el ministerio de Jesús es que Su corazón era atraído hacia aquellos que reconocían su incapacidad, su pecado y su debilidad delante de Él.

El que salió justificado fue el hombre que clamó a Dios en el templo (el que «se golpeaba el pecho, diciendo: "¡Dios, ten piedad de mí, pecador!"», Luc. 18:13), no el fariseo que buscaba orar en su propia bondad. Jesús no abrazó al fariseo que lo invitó a cenar, sino que recibió a la mujer que torpemente le limpió los pies con sus lágrimas y su cabello (Luc. 7:36-50).

Sus palabras sobre ella son importantes: «Por lo cual te digo que sus pecados, que son muchos, han sido perdonados, porque amó mucho; pero a quien poco se le perdona, poco ama» (Luc. 7:47).[2]

Llevamos nuestro sentir sincero en oración y nuestras dudas porque la oración es el lugar en el que Dios pone nuestro corazón en sintonía con el de Él. Porque es allí, postrados delante de Él, que dejamos de mirar hacia dentro y comenzamos a mirar hacia arriba y a verlo a Él. Cuando reconocemos lo mucho que se nos ha perdonado, podemos amar mejor a Aquel que nos ha amado primero.

Si en medio de tus anhelos insatisfechos sientes que Dios te ha olvidado, que ya no le importa tu dolor o que no presta atención a tus oraciones, no hay mejor lugar al que puedas ir con todo esto que delante del trono de la gracia, porque ahí Él promete que encontrarás la ayuda oportuna (Heb. 4:16).

Hay algo más que David hace en los versículos 3 y 4 de este salmo, y es darle un giro a la dirección en la que inició. David oró con franqueza delante de Dios, y a pesar de que sentía que Dios lo había olvidado, decidió no creer en sus propios sentimientos y clamó a Dios en fe por una respuesta.

En el versículo 3, David usó la palabra «considera», y es como si David estuviera diciéndole a Dios: «¡Mira! ¡Respóndeme! ¡Trae luz a mi situación!». El salmista hizo este clamor con tanta libertad, a pesar de sus sentimientos, porque sabía que el Señor era su

---

Dios. Se acercó con la pasión y con la confianza de un hombre que conoce a su Dios.

Cuando nuestros corazones están llenos de duda y del sentir de que Dios nos ha olvidado, es el momento para orar aún más y acercarnos a Él en fe. Necesitamos acercarnos al mismo Dios que sentimos que nos ha abandonado. Aun en medio de nuestras ideas equivocadas, aun cuando nuestros deseos egoístas se levantan en nuestros corazones y no sabemos pedir como conviene, el llamado no es a correr de Dios sino hacia Él. «Acérquense a Dios, y Él se acercará a ustedes» (Sant. 4:8).

Pidan, y se les dará; busquen, y hallarán; llamen, y se les abrirá. Porque todo el que pide, recibe; y el que busca, halla; y al que llama, se le abrirá (Mat. 7:7-8).

Nuestro mismo Señor Jesús fortaleció Su corazón a través de la oración. Durante Su ministerio, encontramos a Jesús orando durante toda la noche. Él oró antes de ser arrestado, y oró en la cruz.

Cristo, en los días de Su carne, habiendo ofrecido oraciones y súplicas con gran clamor y lágrimas al que lo podía librar de la muerte, fue oído a causa de Su temor reverente (Heb. 5:7).

Necesitamos seguir los pasos de nuestro Hermano mayor y clamar a Dios, derramar nuestro corazón delante de Él. Si estás en Cristo y sientes que Dios se ha olvidado de ti, clama a Él en fe sabiendo que es tu Dios, que te ama, que tiene cuidado de ti y obra a tu favor.

Cuando Dios dice *no*

Dios nos llama a clamar, a orar, a buscarlo en oración, pero algo más que necesitamos aprender es cómo vemos y respondemos a las negativas de Dios.

En este mundo, no todo lo que anhelamos nos será concedido, y si has vivido lo suficiente, has podido ver cómo esto es una realidad. De este lado de la gloria, puede que nunca lleguemos a entender por qué Dios nos dice que no, cuando nuestro mayor anhelo es un sí. A veces no vemos de manera clara la dirección de Su mano y nos cuesta ver Sus promesas. Pero el problema no es la veracidad de Sus promesas, sino mi limitado conocimiento y sabiduría.

El teólogo J. I. Packer ofrece las siguientes ideas con relación a esto:

> Tal vez quiera fortalecernos en paciencia, buen humor, compasión, humildad, o mansedumbre. [...] Tal vez quiera enseñarnos nuevas lecciones sobre abnegación y sobre dejar de confiar en nosotros mismos.
>
> Tal vez quiera quitarnos la complacencia o las formas no detectadas de orgullo y presunción. Quizá su propósito es simplemente acercarnos más a sí mismo, [...] o tal vez Dios nos está preparando para las formas de servicio de las que en la actualidad no tenemos ningún indicio.[3]

---

3. Kruger, Melissa, *Cuando Dios dice no* (Coalición por el Evangelio, 20 de noviembre de 2018). https://www.coalicionporelevangelio.org/articulo/cuando-dios-dice-no/

Aunque no siempre lo veamos de esta manera, las negativas de Dios son bendiciones para nuestras vidas, y siempre son un sí para Sus buenos propósitos.

La Biblia nos enseña diferentes historias en las que Dios ha respondido con un *no* a peticiones que los suyos le han hecho, y de manera especial, quisiera compartirte una que justamente le ocurrió al rey David, el autor humano del salmo 13 que hemos estado viendo.

En los tiempos de su reinado, David pecó gravemente delante del Señor al matar a espada a Urías y tomar a su mujer. David fue confrontado por el profeta Natán a través de una historia y reconoció su pecado delante del Señor:

> Entonces David dijo a Natán: «He pecado contra el Señor». Y Natán dijo a David: «El Señor ha quitado tu pecado; no morirás. Sin embargo, por cuanto con este hecho has dado ocasión de blasfemar a los enemigos del Señor, ciertamente morirá el niño que te ha nacido» (2 Sam. 12:13-14).

Entonces, el hijo de David enfermó gravemente, y al ver esto, David rogó a Dios por el niño, ayunó y pasó toda la noche acostado en el suelo sin querer levantarse (vv. 16-17). Siete días después, Dios respondió a la oración de David: el niño murió. Los siervos de David temían informarle de la muerte de su hijo porque pensaban que David podía hacerse daño al enterarse:

> Pero viendo David que sus siervos susurraban entre sí, comprendió que el niño había muerto, y dijo a sus siervos:

«¿Ha muerto el niño?». «Ha muerto», respondieron ellos (12:19).

Al enterarse de la muerte de su hijo, esta fue su respuesta: "Entonces David se levantó del suelo, se lavó, se ungió y se cambió de ropa; entró en la casa del SEÑOR y adoró. Después vino a su casa y cuando pidió, le pusieron comida delante y comió. Así que sus siervos le dijeron: «¿Qué es esto que ha hecho? Mientras el niño vivía, usted ayunaba y lloraba, pero cuando el niño murió, se levantó y comió pan». Y él respondió: «Mientras el niño aún vivía, yo ayunaba y lloraba, pues me decía: "¿Quién sabe si el SEÑOR tendrá compasión de mí y el niño viva?". Pero ahora que ha muerto, ¿por qué he de ayunar? ¿Podré hacer que vuelva? Yo iré a él, pero él no volverá a mí» (12:20-23).

Hay algunas coas que podemos aprender de esta impactante historia sobre los noes de Dios:

1. Dios tiene el poder para dar y el derecho de decir *no*

Dios tiene el poder de levantar aun de entre los muertos. Todo lo que Él quiera hacer, lo hace, y esto es algo que debemos tener presente. El poder de Dios no tiene igual. Pero Dios también tiene el derecho de decir no porque Él es el creador y dueño de todo lo que existe, incluidas nuestras vidas. Él tiene el derecho de decirnos no porque le pertenecemos.

David entendía muy bien la danza entre estas dos verdades. Por un lado, conocía el carácter y el poder de Dios, y por eso clamó a Él, pero también sabía que Dios tenía todo el derecho de decirle que no, y por eso, cuando esa fue la respuesta de Dios, se levantó y lo adoró.

Mi querida amiga, en medio de nuestras peticiones por nuestros anhelos, recordemos que nuestro Dios con solo hablar trajo el mundo a existencia, y que ese mismo Dios tiene el derecho de hacer todo lo que quiera en Su mundo y nuestras vidas.

2. Las negativas de Dios no ponen en duda Su amor

Dios es amor. Dios ama cuando quita y cuando da. Dios ama cuando extiende Su mano para dar lo que anhelamos y cuando la retiene.

Lamentablemente, en ocasiones medimos Su amor según Sus bendiciones, y específicamente esas bendiciones que queremos. Pero Su amor no cambia, porque Él no cambia y Él es amor.

Puede que Dios no nos dé los hijos, el esposo, la salud o la estabilidad financiera que tanto anhelamos, pero podemos ver Su amor en todo su esplendor en que no nos negó a Su propio Hijo, sino que lo entregó a padecer en nuestro lugar.

3. Cuando quita y cuando da, bendito sea Dios

Dios no respondió la oración de David como él quería, pero David se levantó y adoró al Señor. El nombre del Señor es bendito por los siglos y nuestras vidas deben reconocer y actuar conforme a esta realidad en todo tiempo.

Dios merece ser adorado en todo tiempo porque todo lo que Él hace es perfecto, porque Su obrar está siempre lleno de Su bondad, porque Él sabe lo que es mejor, porque Él es Dios.

4. En medio de sus noes, Dios provee consuelo
David reconoció que Dios era compasivo, y el Dios de David es el nuestro. En medio de nuestros anhelos insatisfechos, en Jesús encontramos a uno que entiende nuestro dolor y tiene compasión. Dios consoló y fortaleció el corazón de David y le proveyó consuelo a Betsabé a través de él (v. 24). El Señor dice *no* pero nos provee consuelo. Su santo Espíritu, el consolador, vive en nosotras y nos sostiene en medio del dolor.

5. Dios siempre está haciendo algo
No existe tal cosa como una oración no respondida. Dios siempre responde, siempre está obrando y llevando a cabo Su plan perfecto y bueno en nuestras vidas. Dios nos está bendiciendo todo el tiempo, solo que Sus bendiciones no siempre vienen con las envolturas que esperamos.

Para nuestra familia, la respuesta a nuestra oración llegó de una manera muy distinta a lo que imaginábamos. No nos llegó con la llenura de mi vientre, sino con tres hijos que llegaron a nuestras vidas a través del milagro de la adopción.

El Señor sabe lo que es mejor, y gracias a quién Él es, podemos confiar en Sus propósitos para nuestras vidas y en la manera en que Él decida responder a nuestras oraciones.

Cómo orar por nuestros anhelos

Como hemos mencionado hasta ahora, Dios quiere escucharnos. Quiere que vayamos delante de Él con nuestros anhelos, y podemos hacerlo de las siguientes maneras:

- Reconociendo que nos acercamos a nuestro Padre.
- Recordando Su poder.
- Reverenciando Su santidad.
- Reconociendo nuestro deseo.
- Rindiendo nuestra voluntad.

Veamos en detalle cada uno de estos aspectos.

Oramos reconociendo que nos acercamos a nuestro Padre

Cuando llevemos nuestros anhelos delante de Dios, necesitamos recordar que no nos acercamos a cualquiera. Ese a quien llevamos nuestros anhelos es nuestro Padre. La oración modelo que Jesús nos dejó comienza con las palabras «Padre nuestro» (Mat. 6:9). Desde el inicio, esta oración sienta las bases de a quién va dirigida nuestra oración. Reconocer que nos estamos acercando a nuestro Padre es saber que ese que nos escucha es alguien que nos ama como nadie y que busca el bien de Sus hijos.

Miren las aves del cielo, que no siembran, ni siegan, ni recogen en graneros, y sin embargo, el Padre celestial las alimenta . ¿No son ustedes de mucho más valor que ellas? (Mat. 6:26)

¿O qué hombre hay entre ustedes que si su hijo le pide pan, le dará una piedra, o si le pide un pescado, le dará una serpiente? Pues si ustedes, siendo malos, saben dar buenas dádivas a sus hijos, ¿cuánto más su Padre que está en los cielos dará cosas buenas a los que le piden? (Mat. 7:9-11) Pensar en la idea de un padre en el ámbito terrenal para algunos puede ser un deleite y, lamentablemente, para otros, una decepción. Pero déjame decirte que Dios es mucho mejor que el mejor de los padres terrenales y jamás traerá mal a nuestras vidas como algunos padres hacen en esta tierra. Dios es un Padre bueno, que sabe lo que Sus hijos necesitan aun antes de que expresemos nuestra necesidad.

Oramos recordando Su poder

El Dios a quien nos acercamos no solamente es nuestro Padre; también es todopoderoso. El Dios que hizo los cielos y la tierra con el poder de Su Palabra, ese al cual aun los vientos y el mar se someten. El Dios que abre Su boca y la muerte huye es a quien llevamos nuestros anhelos.

Todo cuanto Dios quiera hacer lo hace. No hay nada ni nadie que pueda estorbar Sus planes. Así que, al orar, recuerda Su poder. Si Él quiere, puede darte lo que estás pidiendo, porque no hay nada demasiado grande para Él.

Oramos reverenciando Su santidad

Sí, Dios es nuestro Padre, y por Cristo, tenemos una relación de cercanía con Él. Él es el Dios cercano a nosotros, pero no debemos olvidar que también es santo. Dios es santo y cercano. Él nos invita a acercarnos en oración, a pedir, a clamar por nuestros anhelos pero a hacerlo reconociendo Su santidad. Nos acercamos con una postura de humildad y reverencia recordando quién es Él y quiénes somos nosotras; las criaturas delante del Creador, quien es bendito por los siglos.

Algo más que necesitamos recordar es que de Su mano no vendrá pecado alguno. La realidad es que nuestros corazones caídos pueden encontrarse deseando cosas que son pecaminosas y hasta tratar de justificarlas. Quizás puedo estar anhelando entrar a una relación romántica con un joven que sé que no es cristiano y encontrarme pidiéndole a Dios que me conceda algo que va en contra de Su propio carácter. O puedo estar anhelando que un negocio ilícito pueda concretarse y entonces oro continuamente pidiéndole al Señor que conceda eso que anhelo, aun sabiendo que no es de agrado a Su nombre. Él es santo y nosotras, Sus hijas, debemos tratar de honrar Su santidad y acercarnos a Él en humildad.

Oramos reconociendo nuestro deseo

Dios ya lo sabe. Él conoce nuestro sentar y levantar, nuestra salida y nuestra entrada. Desde lejos, conoce nuestros pensamientos y no hay lugar alguno en el que podamos escondernos de Su presencia (Sal. 139:7).

Todo lo anterior quiere decir que Él ya conoce aquello que anhelamos y, como ya vimos en este mismo capítulo, Él desea que nos acerquemos con corazones sinceros y que le pidamos libremente aquello que deseamos.

No está mal que le pida a Dios que me libere del dolor. No está mal que le pida que sane mi enfermedad. No está mal que le ruegue por ese esposo que anhelo. No está mal que le pida que me conceda el regalo de ser madre. Puedo clamar a Él con libertad y expresarle los anhelos más profundos de mi corazón.

¿Hay algo que anhelas? ¡Pídeselo a Él!

Y... aquí es que se pone difícil. Podemos pedir por nuestro anhelo, y Él quiere que lo hagamos, pero necesitamos aprender a hacerlo con las manos abiertas y el corazón dispuesto a que Dios haga Su voluntad.

¿Cómo? Bueno, yo acudo al Señor con mi anhelo, pero debo ir dispuesta y queriendo que Dios haga Su voluntad. No voy a Él tratando de manipular, no voy pensando que Dios me debe algo. Voy con una actitud humilde que reconoce lo siguiente:

- Él es Señor soberano. Hace lo que quiera con mi vida y puede hacerlo porque Él es Señor sobre todo.
- Él es bueno y sabe lo que es mejor. Por lo tanto, lo mejor que yo puedo recibir es lo que Él quiera y como lo quiera, y esta es una verdad que debo creer por fe, porque no siempre se siente así.

No siempre nos es fácil ver que Él es bueno y sabe más cuando ha muerto ese alguien por quien orábamos, cuando los hijos no llegan, cuando la situación económica no mejora. Pero mis circunstancias no determinan lo que es verdad. Lo verdadero es lo que debe impactar la manera en que veo mis dificultades.

Nuestro gran intercesor

Aun cuando nuestra oración es débil, aun cuando nuestra fe no llega ni siquiera a la mitad del tamaño de un grano de mostaza, nuestra esperanza no está perdida, porque no descansa en nosotras, sino en Jesús. Qué gran aliento es saber que Jesús vive intercediendo delante de Dios a nuestro favor:

> Por lo cual Él también es poderoso para salvar para siempre a los que por medio de Él se acercan a Dios, puesto que vive perpetuamente para interceder por ellos (Heb. 7:25).

Mira la hermosura de este pasaje en dos aspectos:

1) **Su salvación es perpetua.** Llega a los lugares más oscuros de nuestro corazón, a esos lugares en los que sentimos más vergüenza, a esos pecados que nos derriban una y otra vez. Jesús nos conoce por completo y nos salva perpetuamente.

2) **¡Él vive intercediendo por nosotras!** Jesús nunca cesa de llevar Su obra expiatoria, Su muerte y Su resurrección ante el Padre.

«Cristo "dirige los ojos del Padre hacia Su propia justicia", escribió Calvino, "para desviar Su mirada de nuestros pecados. Él reconcilia tanto el corazón del Padre con nosotros que, mediante Su intercesión, nos prepara un camino y acceso al trono del Padre"».[4]

Qué gloriosa verdad, qué gran aliento de esperanza es saber que ahora mismo Jesús está orando por ti y por mí. Jesús no es un Dios que nos da Su perdón y luego nos deja solas en el resto del camino. No, Jesús nunca nos suelta.

---

4. Dane Ortlund, *Manso y humilde* (Nashville, TN: B&H Español, 2021), pp. 85-86.

Y fíjate, Su intercesión no depende de nosotras. Él no intercede según cómo está nuestra vida de oración, porque Jesús ora por nosotras aun cuando nosotras no lo hacemos. Así que, mi querida amiga, encuentra esperanza en que por Jesús puedes acercarte a Dios con confianza, y aun cuando no lo haces, Jesús intercede por ti.

Historias reales

Desde los primeros meses de mi matrimonio, el Señor puso en mi corazón el deseo de tener hijos. Aunque en ese momento mi esposo y yo no estábamos con la misma idea de comenzar a buscar, decidí ir al médico a realizarme algunos chequeos de rutina porque estaba presentando algunos períodos irregulares y síntomas de embarazo, a pesar de nunca haber estado embarazada.

Para ese momento, llevábamos ocho meses de casados y, desde los primeros meses, había dejado de tomar pastillas anticonceptivas, porque mi cuerpo no las toleraba. Para nuestra planificación familiar, usábamos el método del ritmo, pero al no tener períodos regulares, lo normal habría sido que para ese momento estuviera embarazada.

Esto llamó la atención de mi doctor, por lo cual decidió realizarme algunas pruebas y me dijo que, mientras me las hacía, esperáramos un año sin planificación para darle una oportunidad a mi cuerpo de concebir naturalmente.

Unos meses después, regresé sin estar embarazada y con los resultados de los estudios. Estos arrojaron que, humanamente hablando, iba a ser muy difícil que pudiéramos concebir, por lo que tomamos la decisión de iniciar algunos tratamientos de fertilidad que requerían más estudios. Estos estudios terminaron revelando que también mi esposo tenía problemas de fertilidad, lo cual me llevó a sentirme aún más frustrada aún, porque ahora había un nuevo factor que se sumaba a la ecuación.

Todo este proceso llevó dos años, y luego, quedé embarazada, pero nos enteramos porque tuve un aborto espontáneo. Esto fue muy duro para mí, porque era la primera vez que quedaba embarazada después de tantos procesos, y resultó que terminé perdiendo a mi primer bebé.

Al mes de esto, sin estar buscando, volví a quedar embarazada. Desde las primeras pruebas en este segundo embarazo, había malos indicadores, y el doctor nos dijo que no quería que nos ilusionáramos porque parecía que ese embarazo no iba bien, aunque iban a hacer todo lo posible por salvarlo.

Dieciséis días después, perdimos este segundo bebé...

Tras esta pérdida, seguimos con el tratamiento de fertilidad, pero después de seis meses, decidimos dejarlo, porque veíamos que no estaba funcionando y estábamos agotados económica y emocionalmente.

Una vez más, quedé embarazada, y a diferencia de los dos embarazos anteriores, este al principio se veía como un embarazo saludable. Unos meses después, decidimos darles la noticia a nuestros familiares y amigos cercanos y celebrar este embarazo.

Un día, mientras estaba en mi cocina, sentí una contracción, y en ese momento, lo que vino a mi mente fue:

«No, Dios no me va a volver a hacer eso; no me va a volver a quitar un hijo». Esa misma noche, comencé a sangrar, y en la madrugada, las contracciones empezaron a crecer en intensidad y frecuencia, por lo que tuvimos que salir de emergencia a la clínica.

A pesar de todo esto, llegué sintiéndome muy confiada de que Dios podía cuidar de este embarazo, pero cuando entramos a realizar la ecografía, nos dimos cuenta de que ya no había latidos; mi bebé había muerto.

Ese momento fue muy duro para mí, porque tuve que dar a luz a un bebé muerto mientras que en el quirófano de al lado se escuchaban los llantos de un bebé que acababa de nacer.

Después de este episodio, mi fe fue muy probada y pasé por un proceso de duelo muy difícil de sobrellevar. En medio de todo esto, dejamos de buscar un embarazo y, un año después, otra vez me enteré de que estaba embarazada. Esperamos algunas semanas y les dimos la noticia a nuestros familiares, pero en mi corazón, yo sabía que este bebé era del Señor y que, si Él quería, se lo podía llevar.

Después de unos días de haber dado la noticia, fuimos a un chequeo de rutina y en ese momento nos enteramos de que nuestra bebé había muerto unas horas antes de la ecografía. A esta bebé pudimos hacerle algunos estudios genéticos, y en los resultados, no solo nos enteramos de que era una niña, sino que también vimos la misericordia de Dios, ya que supimos que tenía un síndrome muy poco común que le iba a causar mucho dolor si seguía con vida, y aun mi vida podía estar en riesgo.

Después de esta nueva pérdida, tuve un proceso de recuperación física que me llevó unos ocho meses de estar prácticamente en cama. Fue un tiempo que me desgastó espiritual y emocionalmente, aunque no dejaba de ver el trato de Dios en mi vida.

Desde el inicio de toda esta temporada de dolor, me di cuenta de que me había pasado la vida dudando de la bondad de Dios por muchas circunstancias dolorosas que viví en mi niñez y adolescencia. Pensaba que Dios era bueno con todo el mundo, pero conmigo no. Durante este tiempo de prueba, llegué a pensar que Dios estaba permitiendo todo esto porque yo no era lo suficientemente buena para que Él fuera bueno conmigo. El Señor me llevó a darme cuenta de que yo estaba evaluando Su bondad de acuerdo con qué dádivas me daba, y no según quién era Él. Por lo tanto, iba detrás de Sus bendiciones y no detrás de Él.

En un momento en medio de todo este proceso, empujé a la gente lejos de mí, porque no sabía cómo lidiar con todo y cómo invitar a otros a mi dolor, pero Dios usó esa soledad para llevarme a buscar mi refugio en Él y conocer al Dios consolador.

Durante estos años, Dios me llevó también a apreciar aún más el sacrificio de Jesús. En mi tercera pérdida, estuve enojada con Dios por mucho tiempo, porque no entendía cuál era el propósito de tanto dolor; no entendía cómo Dios podía usar todo esto. Pero Él me llevó a ver que si el horrendo dolor de Jesús en la cruz servía para la gloria de Su nombre y el bien de la humanidad, mis hijos podían morir si eso iba a traer gloria a Él e iba a servir a otros.

Todavía tengo días y meses difíciles, sobre todo porque seguimos con la incertidumbre de no saber cuál es la causa detrás, y todavía seguimos anhelando un bebé que aún no está en nuestros brazos. No obstante, el Señor nos ha enseñado a seguir anhelando con las manos abiertas, sabiendo que Su voluntad es mejor. En medio de lo difícil de todo esto, me ha servido invitar a otros a mi dolor y anclar mi vida en las verdades de la Palabra.

Algo que también me ha ayudado a digerir el dolor es leer sobre otros que han transitado el mismo camino o uno similar al mío, y ser consolada por el consuelo que ellos ya han recibido.

La obra de Cristo en la cruz ha sido un bálsamo para mi corazón, porque Dios no dijo no a sacrificar a Su Hijo, y Jesús entregó Su vida misma por pecadores como yo. La obra de Jesús me ha llevado a ver que no necesito entenderlo todo para confiar, porque Él ya me dio la mayor muestra de Su bondad.

Mi corazón anhela profundamente la eternidad y el regalo que sé que tendremos: disfrutar de Él por siempre. Tengo la certeza de que llegará el día en que el vacío que mis hijos dejaron será llenado completamente al llegar a los brazos de mi buen Jesús.

Un vistazo al corazón

1. En medio de tu anhelo insatisfecho, ¿te has encontrado orando para obtener algo de Dios en lugar de hacerlo para crecer en tu comunión con Él?

2. ¿Qué piensas de la realidad de que Dios quiere escucharnos?

3. Lee Salmos 139:1-4. Si conocemos esta verdad, ¿por qué crees que en muchas ocasiones buscamos fingir delante de Dios? ¿Por qué lo has hecho tú?

4. Lee Mateo 7:9-11. ¿De qué manera alienta tu corazón saber que, cuando oras, tu Padre te escucha? ¿Hay algo que te cueste creer de esta verdad?

3
Ídolos en
la espera

HACE UNOS MESES, MI FAMILIA y yo tuvimos la oportunidad de ver la película *El niño, el topo, el zorro y el caballo*, basada en el libro con el mismo título, publicado en el año 2019, por el autor e ilustrador Charlie Mackesy. La película estaba llena de frases con profundas enseñanzas, y una de ellas, decía lo siguiente: «¿No es curioso? Solo podemos ver nuestro exterior, pero casi todo sucede en el interior».

Esta frase es completamente cierta. La mayoría de lo que ocurre en nosotros va pasando en nuestro interior, porque es ahí donde está lo que verdaderamente somos. Tal y como nos enseña Proverbios 23:7: «Pues como piensa dentro de sí, así es él».

Como ya hemos visto, algo que va ocurriendo en nuestro interior, en medio de nuestros anhelos insatisfechos, es la tentación de pensar que Dios nos ha olvidado. Darle rienda suelta a este pensamiento tiene consecuencias importantes, y una de ellas es que buscamos sustitutos de Dios.

Si genuinamente creo que Dios me ha olvidado, la tentación de mi corazón será buscar en otra cosa o en alguien más aquello que solo Dios puede darme, y en muchas ocasiones, estaremos buscando por nuestros propios medios aquello que entendemos que Dios ya debió habernos concedido. En medio de nuestros anhelos insatisfechos, podemos tener la tentación de convertir en un ídolo eso que tanto deseamos.

En su libro *Dioses que fallan,* el autor Timothy Keller definió la idolatría de la siguiente manera: «¿Qué es un ídolo? Es algo más importante para usted que Dios, cualquier cosa que cautive su corazón y su imaginación más que Dios, cualquier cosa que espere que le proporcione lo que solamente Dios puede darle».[1] Keller también dijo: «El pecado no es solo hacer cosas incorrectas. Es fundamentalmente convertir cosas buenas en sí mismas en lo más importante. El pecado es construir tu vida y tu significado en cualquier cosa, incluso cosas buenas, en vez de en Dios. Aquello sobre lo que construimos nuestra vida nos va a conducir y nos esclavizará. El pecado es sobre todo idolatría».[2]

Un ídolo es cualquier cosa sobre lo que construyamos nuestras vidas que no sea Dios, eso que pensamos que nos traerá felicidad si tan solo lo tenemos. Es eso que veo o en lo que pienso y digo: «Si tengo eso, seré feliz», «Si lo consigo estaré completa».

Ahora, el problema muchas veces no es aquello que deseamos. Podemos desear hijos, un esposo, bienestar económico o salud, y ninguno de esos deseos son pecaminosos en sí mismos. El problema no es el deseo en sí, sino que eso que anhelamos lo terminamos convirtiendo en un dios para nuestras vidas.

1. Timothy Keller, *Dioses que fallan* (Barcelona, España: Publicaciones Andamio, 2015), p. 8.
2. Timothy Keller, *Hablando de idolatría en un mundo postmoderno.* Publicado en Coalición por el evangelio en 2009. https://www.coalicionpor elevangelio.org/entradas/sugel-michelen/hablando-de-idolatria-en-un-mundo -postmoderno-2-de-2/

El apóstol Pablo resumió este problema de la mejor manera: «Porque ellos cambiaron la verdad de Dios por la mentira, y adoraron y sirvieron a la criatura en lugar del Creador, quien es bendito por los siglos. Amén» (Rom. 1:25).

Eso es exactamente lo que hacemos con los ídolos: adoramos y servimos lo creado en lugar de al Creador. Lo que perdemos de vista al hacer esto es que cada vez que buscamos que algo creado nos dé el significado, la esperanza o la plenitud que solo Dios puede darnos, con el tiempo, eso terminará fallando y rompiendo nuestros corazones.

Fíjate, los ídolos de nuestro corazón son un problema de amor, pero un amor desordenado. Que tengamos ídolos no quiere decir que no amamos a Dios en ninguna proporción. Lo que sí nos muestra es que amamos a Dios muy poco en comparación con eso creado en lo que hemos puesto nuestra esperanza.

Y esta es la razón por la cual los ídolos nos dominan: porque aquello que amamos nos controla. El mayor movilizador en nuestras vidas es el amor. Aquello que amamos más terminará recibiendo nuestra confianza y nuestra obediencia. Por eso Jesús nos enseñó que la clave para obedecerle es amarlo. Porque una vez más, aquello que amamos nos mueve.

Hubo un momento en nuestro tiempo de infertilidad donde tener hijos se convirtió en un ídolo para mí. Sentía que, mientras no pudiera tener hijos, no estaba completa, que algo me faltaba para tener plenitud. En ese momento, estaba amando más el deseo de tener hijos que al Señor que no me los había dado.

Lo que no veía es que tenía todo, porque tenía a Cristo. No me daba cuenta de que mi plenitud jamás estaría en algo que no fuera Él. El anhelo profundo de mi corazón eran hijos y no los tenía, pero sí tenía a Jesús, y aun así decidí amar los hijos (que no tenía) más de lo que lo amaba a Él.

Levantar ídolos en nuestras vidas es pecado, y el pecado siempre tendrá consecuencias. Lo interesante con los ídolos es que los levantamos con la intención de que ellos nos provean eso que pensamos que encontraremos ahí pero, al final, los ídolos no nos dan, sino que nos quitan, nos vacían y, mientras lo hacen, continúan demandando nuestra confianza, obediencia y adoración.

Es como estar muriendo de sed y buscar saciarla con agua salada, agua que jamás quitará la sed, agua que terminará deshidratándome pero que me dará la falsa sensación de que estoy haciendo algo para aliviar mi sed. Sin embargo, eso que estoy haciendo sin lugar a dudas terminará dañándome sin la menor duda.

En el año 2015, The Gospel Coalition[3] publicó un artículo con una descripción interesante de lo que representa un ídolo en nuestra vida:

Hola. soy un ídolo.

No tengas miedo, solo soy yo. Me doy cuenta de que mi nombre te desanima: «Ídolo».

Está bien. Me pasa con frecuencia.

Permítanme cambiar mi nombre.

Soy tu familia.

Tu cuenta bancaria.

Tu vida sexual.

Las personas que te aceptan.

Tu carrera.

---

3. Nicholas Mcdonald, «*Hello, I'm an Idol*», The Gospel Coalition, 2015. https://www.thegospelcoalition.org/article/hello-i-am-an-idol/

Tu propia imagen.
Tu pareja ideal.
Tu cumplimiento de la ley.
Soy lo que quieras que sea.
Soy lo que piensas mientras conduces por la autopista.
Soy tu ansiedad cuando apoyas la cabeza en la almohada.
Estoy donde recurres cuando necesitas consuelo.
Soy aquello sin lo cual tu futuro no puede existir.
Cuando me pierdes, no eres nada.
Cuando me tienes, eres el centro de la existencia.
Admiras a los que me tienen.
Desprecias a los que no lo hacen.
Te controlan aquellos que me ofrecen.
Te enfurecen los que te alejan de mí.
Cuando te hago una sugerencia, te apremio.
Cuando no puedes satisfacerme, te consumo.
No, no puedo verte ni oírte, ni responderte.
Pero eso es lo que te gusta de mí.
No, nunca soy exactamente lo que crees que soy.
Pero por eso sigues regresando.
Y no, no te amo.
Pero estoy ahí para ti, siempre que me necesites.
¿Qué soy yo?
Creo que ya lo sabes.
Tú dímelo.

No tendrás otros dioses

«No tendrás otros dioses delante de Mí» (Ex. 20:3) es el primero de los Diez Mandamientos dados a Moisés en el monte Sinaí. Ahora BIEN, ¿quién es este Dios que puede prohibirle a Su pueblo tener algún otro? ¿Quién es este que se considera el único Dios? Veamos un poco el contexto de este mandamiento. Al tercer mes de la salida de los israelitas de Egipto, llegaron al desierto de Sinaí, e Israel acampó delante del monte. Moisés subió al monte y Dios comenzó a hablarle de lo que debía decirle al pueblo. Le dijo cómo escuchar Su voz y guardar Su pacto resultarían en bendición para sus vidas.

Moisés comunicó lo que el Señor había hablado al pueblo y el pueblo respondió que haría tal como el Señor había mandado. La respuesta del pueblo fue llevada al Señor y Él le dijo a Moisés lo siguiente:

Que estén preparados para el tercer día, porque al tercer día el SEÑOR descenderá a la vista de todo el pueblo sobre el monte Sinaí (Ex. 19:11).

Llegado el tercer día, Dios reveló la majestuosidad de Su presencia delante del pueblo:

Y aconteció que al tercer día, cuando llegó la mañana, hubo truenos y relámpagos y una densa nube sobre el monte y un sonido tan fuerte de trompeta, que hizo temblar a todo el pueblo que estaba en el campamento [...] Todo el monte Sinaí humeaba, porque el SEÑOR había descendido sobre él en fuego. El humo subía como el humo de un horno, y todo el monte se estremecía con violencia. El sonido de la trompeta aumentaba más y más. Moisés hablaba, y Dios le respondía con el trueno (Ex. 19:16, 18-19).

¿Pudiste sentir lo pesado de esta presencia? Dios estaba ahí y hubo truenos, relámpagos y un sonido de trompeta que hizo estremecer a todo el pueblo. Dios había descendido sobre el monte en fuego y el monte que Él mismo había creado se estremecía con violencia. Dios hablaba y Su voz era como voz de trueno.

El Dios que estremecía el monte era el que estaba ordenándoles que no tuvieran otros dioses delante de Él, y antes de dar los mandamientos, Él le mostró al pueblo algo de Su infinita majestuosidad. Pero Su majestuosidad no se quedó en el fuego ni en el sonido de trompeta. Dios habló y mostró más de quién era:

Entonces Dios habló todas estas palabras diciendo: «Yo soy el SEÑOR tu Dios, que te saqué de la tierra de Egipto, de la casa de servidumbre» (Ex. 20:1-2).

Estas fueron Sus palabras previas al primer mandamiento que vimos al principio, la razón para el mandamiento de no tener otros dioses delante de Él. ¿Por qué?

- **Yo Soy el Señor:** Él es el eterno, el autoexistente, el supremo sobre todo e inmutable Dios. Él es quien tiene toda autoridad y gobierna sobre todo lo creado.
- **Tu Dios:** Él usa la segunda persona del singular mostrando Su cercanía con Su pueblo. Él es el Dios de cada uno. Es quien gobierna toda la creación y, a la vez, es mi Dios.

- **Que te saqué de la tierra de Egipto, de la casa de servidumbre**: Él es el Dios personal que actúa en redención. Liberó al pueblo de la esclavitud de Egipto y es el mismo que, en Jesús, nos ha librado de la esclavitud del pecado.

Aquel que estaba dando los mandamientos al pueblo era Dios, Señor y Redentor. No hay ninguno como Él, no hay ninguno por encima de Él. Dios puede prohibir que levantemos otro dios porque sabe que no hay nadie como Él.

Teniendo todo esto en mente, volvamos al primer mandamiento y hagamos lo mismo que hicimos con el versículo 2:

No tendrás otros dioses delante de Mí (Ex. 20:3).

- **No**: Dios prohíbe de manera absoluta que tengamos algún otro dios. No hay lugar a posibilidades, no hay candidato a dios que vaya a quedar aprobado. La respuesta es *no*.
- **Tendrás**: Dios es el único Dios. A todos los dioses en mi vida yo los levanto, yo los poseo, yo les doy ese título, pero ninguno es ni podrá serlo jamás. Ahora, en el versículo 2, Dios dice: «Yo **Soy** el Señor tu Dios», mientras que en este versículo, dice: «no **tendrás**». ¿Notaste la diferencia? Él *es* Dios; todo lo demás, yo lo levanto yo.
- **Otros dioses**: En nuestro pecado podemos convertir cualquier cosa en un dios para nosotras. Aun aquello que en sí mismo es bueno tiene todo el potencial de ser un ídolo en nuestro corazón. Pero el mandato aquí es que nada, absolutamente nada, debe serlo.

- **Delante de mí:** Todo dios que levanto lo hago delante del único y verdadero Dios, en «Su cara». Cada vez que levanto un dios en mi vida, le estoy diciendo a Dios: «Tú no eres suficiente. Esto sí me dará lo que no me has dado». No hay ídolo que levantemos que no sea una ofensa directa al único y verdadero Dios.

El primer mandamiento es mucho más que una prohibición a adorar otros dioses; es un reconocimiento de la realidad de que no hay otro.

Yo soy el SEÑOR, y no hay ningún otro;
Fuera de Mí no hay Dios.
Yo te fortaleceré, aunque no me has conocido,
Para que se sepa que desde el nacimiento del sol hasta donde se pone,
No hay ninguno fuera de Mí.
Yo soy el SEÑOR, y no hay otro.
Yo soy el que forma la luz y crea las tinieblas,
El que causa bienestar y crea calamidades,
Yo, el SEÑOR, es el que hace todo esto (Isa. 45:5-7).

Es muy probable que, si tienes este libro en tus manos, estemos de acuerdo en que hay un solo Dios, pero la realidad es que aunque podamos afirmarlo con nuestros labios, en la práctica vivimos con lealtades compartidas: «Necesito a Dios y tener hijos», «Necesito a Dios y un esposo», «Necesito a Dios y salud».

Pensamos que, como le estamos dando a Dios algo de nuestra adoración, estamos haciendo lo que debemos. Pero la verdad es que, como Jesús mismo dijo, nadie puede servir a dos señores. Fuimos creados para una sola lealtad.

> Enséñame, oh Señor, Tu camino;
> Andaré en Tu verdad;
> Unifica mi corazón para que tema Tu nombre
> (Sal. 86:11)

La carta de Santiago nos enseña que aquel que tiene lealtades divididas —a quien el apóstol llama hombre de doble ánimo— es inestable en todos sus caminos (Sant. 1:8).

Los ídolos en nuestras vidas nos llevan a tener más de un señor, y Dios nos ordena a no tenerlos, porque solo Él es Señor, porque no hay otro como Él, porque nada se compara a Su majestuosidad, nadie más es Dios, nadie más es redentor. Todo lo demás que decidimos adorar, en lo que decidimos poner nuestra confianza, es una violación del primer mandamiento.

Mi querida amiga, todo dios que levantamos en nuestra vida termina quitándonos algo; Él es el único que genuinamente nos da. Solo en Él podemos encontrar la abundancia, la plenitud y la libertad que nuestras almas necesitan.

Cómo identificar nuestros ídolos

En el libro de Hageo, el Señor habla al pueblo a través del profeta y tiene una queja contra ellos:

> «Así dice el Señor de los ejércitos: "Este pueblo dice: 'No ha llegado el tiempo, el tiempo de que la casa del Señor sea reedificada'"». Entonces vino la palabra del Señor

por medio del profeta Hageo: «¿Es acaso tiempo para que ustedes habiten en sus casas artesonadas mientras esta casa está desolada?».

Ahora pues, así dice el SEÑOR de los ejércitos: «¡Consideren bien sus caminos! Siembran mucho, pero recogen poco; comen, pero no hay suficiente para que se sacien; beben, pero no hay suficiente para que se embriaguen; se visten, pero nadie se calienta; y el que recibe salario, recibe salario en bolsa rota». Así dice el SEÑOR de los ejércitos: «¡Consideren bien sus caminos!» (Hag. 1:2-7).

El pueblo se había concentrado en edificar y arreglar sus casas y no se había preocupado por reedificar la casa del Señor. Estaban concentrados en servirse a sí mismos pero no se daban cuenta de que, al final, lo que estaban haciendo era infructuoso. Sembraban pero no recogían, se vestían pero no se calentaban, ¡y Dios les dijo que consideraran sus caminos! El pueblo debía detenerse y darse cuenta de que lo que estaban haciendo —servirse a sí mismos— era en vano.

El pueblo se había puesto en lugar de Dios y no se percataban de que nada de lo que hacían daba el resultado que debía dar. Dios mismo evaporó sus ganancias para enseñarles que construir el templo le traería gloria a Él, y la gloria de Su nombre debía ser su prioridad.

Hay algo en cuanto a nuestros ídolos que no debemos perder de vista. Al final, cada ídolo que levantamos tiene el propósito de servir al mayor ídolo de todos: YO. Los ídolos que logramos identificar son ramas de un mismo árbol. Al final, hay algo más que estamos buscando y ese algo siempre termina siendo servirnos a nosotras mismas. Cuando hacemos un ídolo de nuestros anhelos, estamos buscando en ellos nuestra propia satisfacción, felicidad y plenitud. Al final, siempre se trata de nosotras.

Igual que el pueblo de Israel en los tiempos de Hageo, también estamos buscando servirnos a nosotras mismas y descuidamos el templo del Espíritu que somos, desatendemos nuestro caminar con el Señor y no prestamos atención a la manera en la que lo estamos deshonrando al levantar nuestros ídolos delante de Él, buscando nuestro propio bienestar por encima de Sus propósitos.

Y así como al pueblo de Israel, el Señor también nos llama a detenernos y considerar nuestros caminos, a evaluar nuestros corazones delante de Él. Los ídolos de nuestro corazón necesitan ser derribados, pero para derribarlos, hace falta identificarlos. Necesitamos evaluarnos delante de Dios y ver si hemos transformado nuestro anhelo en un ídolo del corazón. Aquí te dejo algunas preguntas que pueden servirte en el proceso:

1. ¿Lo que anhelo consume mis pensamientos?

Nuestros ídolos nos consumen, y aquello a lo que le damos nuestra adoración tiende a inundar nuestros pensamientos.

2. ¿Qué pasa en mi corazón si pienso en la posibilidad de no tenerlo?

Como hablamos en el capítulo 1, no está mal que nuestros anhelos insatisfechos duelan, no está mal sentir dolor porque mi vientre no ha sido llenado o mi condición económica no termina de mejorar. Pero, como creyentes, tenemos una esperanza mayor y nos dolemos con ella en mente. Si pensar en la posibilidad de no tener eso que anhelo me causa desesperación, ansiedad y una angustia profunda y duradera, puede que se trate de un ídolo de mi corazón.

3. ¿Pienso que mi felicidad depende de tener eso?

Cuando nuestro anhelo se ha vuelto un ídolo, podemos llegar a pensar que eso es lo que necesito para estar completa y ser feliz.

4. ¿Puedo alegrarme cuando otro tiene lo que deseo o mi corazón se entristece?

Quizás cuando veo que otro tiene lo que deseo no tengo la capacidad de alegrarme con el bien del otro, y lo que termina causando en mi corazón es tristeza y hasta enojo.

5. ¿Logro ver las demás bondades de Dios en mi vida y estar agradecida?

Una de las cosas que ocurre cuando nuestro anhelo insatisfecho se convierte en un ídolo es que no somos capaces de ver todas las demás formas en las que Dios nos ha bendecido y solo vemos aquello que no nos ha dado.

6. ¿Me siento sin propósito porque no tengo lo que anhelo?

Pienso que poder tener eso en mi vida es lo único que me proveerá un sentido de propósito y de identidad.

7. ¿Dónde se van tus finanzas?

La manera en la que gastamos nuestros recursos dice mucho de aquello que consideramos importante.

8. ¿De qué sería capaz con tal de tenerlo? ¿Sería capaz de deshonrar el nombre del Señor para conseguir mi anhelo? ¿Estoy dispuesta a no considerar cómo afecto a los demás con tal de tener lo que mi corazón desea?

Si has podido identificarte con una o más de estas preguntas, lleva tu corazón en arrepentimiento delante del Señor y encuentra en Jesús la esperanza y la restauración que solo Él puede darnos.

Cómo derribar nuestros ídolos

Vayamos a otro pasaje del Antiguo Testamento. En 2 Reyes 18–19, leemos la historia del rey Ezequías. Este rey comenzó a reinar a sus veinticinco años y reinó durante veintinueve años en Jerusalén. Fue un rey que hizo lo recto ante los ojos del Señor, y la Biblia nos enseña que no hubo otro como él entre todos los reyes de Judá.

Ezequías derribó todo aquello que representara un lugar de idolatría, incluida la serpiente de bronce que Moisés había levantado, porque hasta esos días el pueblo le quemaba incienso. El libro de 2 Reyes enseña que Ezequías confió en el Señor, se apegó a Él y no se apartó de Su lado, y el Señor estaba con él. Ezequías confió en el Señor como el único Dios.

En un momento de su reinado, el rey de Asiria le mandó a decir a Ezequías que no había dios que lo fuera a librar de su mano, porque ninguno de los dioses de las naciones que él había tomado las habían librado. A quienes recibieron el mensaje, los emisarios del rey de Asiria les comunicaron que no se dejaran engañar si el rey Ezequías les decía que confiaran en el Señor, que no le creyeran si el rey les decía que Dios estaba con ellos y los liberaría. Gran error cometió el rey de Asiria en comparar al Dios de los cielos con dioses falsos, porque Dios, a diferencia de los dioses de otras naciones, Él sí se levantó en defensa de Su pueblo. La respuesta de Dios fue tal que el rey de Asiria fue asesinado mientras adoraba en la casa de su dios. Su dios no pudo librarlo. Dios demostró que no hay nadie como Él.

Nosotras, como el rey de Asiria, en ocasiones perdemos de vista que solo hay un Dios verdadero y digno de adoración y, así como hizo Ezequías, debemos derribar esos dioses falsos a los que decidimos servir, y poner nuestra confianza en el Señor. Mi querida amiga, el Señor no quiere corazones divididos. No desea vidas que lo tengan a Él y algo más. Dios quiere todo lo que somos porque es el único que lo ha dado todo. Dios quiere toda nuestra adoración porque solo Él la merece. Quiere ser nuestro descanso porque es el único digno de nuestra confianza.

¿Qué ídolos has levantado en tu vida que necesitan ser llevados en arrepentimiento delante del Señor? Ve a Jesús y pon tus ídolos a Sus pies, porque Él te ofrece Su perdón y quiere darte la plenitud que tu alma tanto anhela.

Nuestras vidas no estarán completas cuando tengamos eso que anhelamos. ¡Nuestras vidas están completas ahora porque tenemos a Jesús y lo tenemos por completo! Todo lo demás que podamos recibir son dádivas para ser disfrutadas en Él.

Hay algo más que no quiero dejar de compartir contigo. Al principio de este capítulo, hablamos de cómo los ídolos que levantamos son un problema de amor desordenado. Derribar nuestros ídolos y confiar solamente en el Señor requerirá no solo que amemos más a Jesús, sino también que entendamos qué tan amadas somos por Él.

El apóstol Pablo oraba para que los efesios entendieran la anchura y la longitud, lo alto y lo profundo del amor de Cristo, y ese amor fiel hasta el final es lo que nos hace estar seguras. Es ese amor que nos invita a confiar plenamente en Él, porque solo Jesús nos amó hasta el fin, hasta que lo había entregado todo, hasta que completó Su obra a nuestro favor.

No hay nada en esta tierra que pueda darnos la plenitud que solo Él ofrece. Eso que tanto anhelamos no es lo que nos hará completas. No nos dará identidad, no nos dará propósito, no nos dará plenitud, porque todo eso está en Jesús.

En el poder de Su Espíritu y la seguridad del amor de Cristo, derribemos nuestros ídolos, porque solo Jesús es digno de nuestra confianza y adoración.

Mirar las cosas de arriba

Una de las cosas con las que más les gustaba jugar a nuestros hijos cuando eran más pequeños eran disfraces. Les encantaba imaginar que eran policías, pilotos, astronautas o cocineros... A veces, llegué a pensar que mi esposo y yo éramos masoquistas por la cantidad de veces al día que teníamos que poner y quitar los disfraces y, claro, éramos nosotros los que los comprábamos.

Pero cuando mis hijos se ponían sus disfraces, comenzaban a actuar como si fueran aquello de lo que estaban disfrazados. Tenían traje de astronauta, y su imaginación los llevaba a pensar que estaban a punto de abordar un cohete. Tenían un traje de policía, y todos los juguetes terminaban encarcelados. Se disfrazaban de pilotos, y todos en la casa estábamos abordando un avión... y así continuaban tratando de ser un poco de lo que el traje representaba... hasta que se cansaban, el traje los incomodaba, les daba calor, se lo quitaban y todo volvía a lo que era antes. Muchas veces, eso es lo que nos pasa como creyentes. Creemos que nuestro cristianismo es como uno de esos disfraces que nos ponemos por un momento, cuando las cosas están bien o cuando nos gusta lo que Dios tiene para ofrecernos, pero en el momento en el que los anhelos insatisfechos tocan a nuestra puerta y no nos gusta la respuesta de Dios a nuestro clamor, nos quitamos «el disfraz» y levantamos nuestros propios ídolos.

Olvidamos que lo que somos como creyentes no es como un simple disfraz que nos podemos poner y quitar. Es lo que somos, y eso que somos demanda algo de nosotras. Exige un caminar acorde a esta identidad, una vida que mire al Dios verdadero y no una que cree sus propios dioses. Mira conmigo lo que nos enseña Colosenses 3:1-4:

> Si ustedes, pues, han resucitado con Cristo, busquen las cosas de arriba, donde está Cristo sentado a la diestra de Dios. Pongan la mira en las cosas de arriba, no en las de la tierra . Porque ustedes han muerto, y su vida está escondida con Cristo en Dios. Cuando Cristo, nuestra vida, sea manifestado, entonces ustedes también serán manifestados con Él en gloria.

En este pasaje, Pablo les deja ver a los colosenses que hay algo que se ha transformado en su nueva identidad, y que por lo tanto, no pueden vivir jugando en el mundo de los disfraces. Su nueva identidad demanda un nuevo caminar. Y parte de esa nueva identidad es que hemos resucitado con Cristo. El texto comienza diciendo que, si hemos resucitado en Cristo, entonces hay una consecuencia natural.

Pero antes de ver la implicación de haber resucitado con Cristo, necesitamos entender qué significa esto. Sabemos que habrá una resurrección en la vida futura, pero aquí Pablo no está hablando de algo que pasará. Está hablando de algo que ya pasó. ¿Qué significa entonces para nosotras ahora que ya hayamos resucitado con Cristo?

Y si hemos muerto con Cristo, creemos que también viviremos con Él [...]. Así también ustedes, considérense muertos para el pecado, pero vivos para Dios en Cristo Jesús (Rom. 6:8-11).

Para que haya resurrección, primero tiene que haber muerte. Por la obra de Cristo en la cruz por nuestros pecados, nosotras hemos muerto juntamente con Él, y dice este texto que hemos muerto al pecado. Pero la obra perfecta de Cristo no se quedó en Su muerte. Cristo también resucitó, y nosotras hemos resucitado con Él. Estamos muertas al pecado, pero vivas para Dios. Y esta es la resurrección de la que Pablo está hablando en este pasaje.

Entonces, Pablo comienza este texto con esta condición: Si hemos resucitado con Cristo, hay algo que debe pasar en nuestras vidas, hay una implicación directa y lógica de lo que Él ya ha hecho en nosotras. Estamos muertas al pecado, pero vivas para Dios. Y la implicación directa entonces es «busquen las cosas de arriba» (Col. 3:1). Si estamos vivas para Dios, esta debería ser la consecuencia natural de nuestra manera de vivir.

Ahora bien, el llamado que Pablo está haciendo no es a buscar una geografía celestial, sino a Aquel que habita en ella. Este llamado de buscar las cosas de arriba no se refiere a las cosas materiales, sino a todo lo que tenga que ver con Cristo.

Observa algo: el verbo en este pasaje está en imperativo. Y no es algo que hago una sola vez, es algo que debo hacer cada día de mi caminar cristiano. No solo cada día, cada momento. ¿No lo has visto en tu propia vida? ¿Cómo en un momento podemos estar buscando las cosas de arriba y en otro momento no? A veces, terminamos de leer nuestras Biblias y nos sentimos plenas y esperanzadas, sentimos que Dios nos ha hablado, y luego llega a nuestra mente la preocupación o nos volvemos a encontrar con la realidad de aquello que anhelamos y no tenemos, y pareciera que nuestra mirada otra vez se desvía del lugar en el que debe estar.

Necesitamos persistencia y, lamentablemente, la persistencia no es una característica muy común. Todo lo que requiera un esfuerzo continuo lo dejamos de lado; queremos que las cosas vengan solas. Pero también permitimos que nuestros sentimientos dominen nuestra realidad.

Una cosa que vemos en los Salmos —y lo iremos viendo en el mismo salmo 13 en la medida en la que avanzamos— es que el salmista expresa su sentir hacia sus circunstancias y hacia Dios mismo, pero no se queda ahí; su clamor o canción siempre termina en esperanza, siempre termina llevando su corazón a la verdad, fijando su mirada en las cosas de arriba y no en las de esta tierra.

Esta búsqueda a la que nos llama la Palabra debe ser continua e intencional, y debe verse en cada ámbito de mi vida y en toda circunstancia. Pero cuidado: no son simples acciones; todo esto viene como consecuencia natural de que estamos vivas para Dios, de que Él ya ha hecho la obra en Cristo y nos ha hecho resucitar con Él. Entonces, vivimos de acuerdo con lo que somos: una mujer que está viva para Dios y que sabe que solo en Él está lo que necesita.

El pasaje de Colosenses nos llama a poner nuestra mirada en las cosas de arriba y no en las de esta tierra. Y aquí Pablo les está diciendo a los colosenses que para que ellos puedan buscar las cosas de arriba, su mente debe ser reenfocada. Deben quitar su mente de las cosas de la tierra y luego ponerla en las cosas de arriba. Para poder poner nuestra mente en el lugar correcto, debemos quitarla del lugar incorrecto; debemos cambiar el enfoque.

Estamos en una búsqueda continua de identidad y valor, pero el Señor que inspiró estas palabras sabe que muchas veces lo hacemos persiguiendo, poniendo nuestra mente en las cosas de esta tierra y levantando ídolos en nuestros corazones. Buscamos nuestra identidad en lo que hacemos: perseguimos honores y posición. Queremos que nuestros esposos nos valoren: ponemos los ojos en nuestra apariencia. Buscamos valor: acumulamos bienes.

Tenemos la tendencia a poner nuestra mente en lo terrenal porque creemos que ahí vamos a encontrar valor, seguridad o identidad, y la realidad es que jamás encontraremos estas cosas en lo creado. La búsqueda de las cosas de esta tierra nos deja vacías, pero cuanto más las buscamos, cuantos más ídolos levantamos buscando saciar nuestras almas, aquello que no tiene poder de saciar termina convirtiéndose en el tesoro de nuestro corazón:

Porque donde esté el tesoro de ustedes, allí también estará su corazón (Luc. 12:34).

¿Dónde está tu tesoro? ¿Dónde va tu mente con regularidad? ¿En qué has estado encontrando tu seguridad? Si examinas tu vida,

¿podrías decir que tu mente está puesta en las cosas de arriba o estás muy pegada a las cosas de este mundo?

Este pasaje de Colosenses nos deja ver una verdad importante que de alguna manera sustenta todo esto. El texto dice: «Busquen las cosas de arriba, donde está Cristo sentado a la diestra de Dios». Mi querida amiga, nosotras tenemos que buscar las cosas de arriba porque Cristo tiene autoridad sobre todas las cosas, y esto incluye nuestras vidas mismas. Él es dueño y Señor. Nosotras podemos levantar ídolos, pero ninguno es dueño y Señor de todo, solo Cristo lo es.

No hay un centímetro cuadrado en todo el dominio de nuestra existencia humana sobre el cual Cristo, como Soberano sobre todo, no clame: «¡Mío!» —Abraham Kuyper.[4]

Esta realidad incluye nuestras vidas y mentes. Y porque son de Él y porque Él es Señor, cada pensamiento debe reflejar Su señorío; cuando ponemos nuestra mira en las cosas de arriba, reconocemos Su autoridad sobre nuestras vidas.

Como ya les he compartido, en mi casa tenemos perros, y uno de esos es una hermosa golden retriever. Hace unos dos años vivimos en una casa que tiene al lado la cancha de tenis de un club y casi siempre caen pelotas en mi casa. Resulta que Luna ama las pelotas de tenis. Creo que «amar» no es la palabra correcta; ella tiene una obsesión con esas pelotas; solo piensa en eso y todo el tiempo está buscando tener una más. Hubo momentos en los que Luna tuvo

---

4. Namnún, Jairo, *El evangelio de lunes a sábado*. Coalición por el Evangelio, 17 de marzo de 2015. https://www.coalicionporelevangelio.org/articulo/el-evangelio-de-lunes-a-sabado/

seis o siete pelotas en la casa al mismo tiempo. Un día, mi esposo le quitó una y ella fue y buscó otra. A veces, hasta las pone todas juntas en una esquina y trata de tomarlas al mismo tiempo. En lo único que piensa Luna es en pelotas de tenis... ahora, aunque su mente esté fija en esto, ella tiene un gran problema y es que pierde de vista todo lo demás mientras se enfoca en las pelotas. Pero, ¿sabes algo? Eso no es lo que nos pasa con Cristo. Cuando nuestra mente está fija en Él, todo lo demás tiene el enfoque correcto, todo lo demás toma su lugar apropiado. Cuando Jesús es nuestro tesoro, todas las demás bondades que vienen de Su mano ocupan el lugar que les corresponde en nuestro corazón.

Entonces, ¿cómo podemos poner nuestra mira en las cosas de arriba?

1. Necesitamos oración

Este es un tema del que ya hemos hablado en un capítulo anterior, pero vale la pena volverlo a mencionar, porque la oración es un reconocimiento de que no podemos solas.

Para que nuestra mente pueda estar puesta en las cosas de arriba, es necesaria la intervención celestial. Es algo que debe hacerse en Sus fuerzas no en las nuestras, porque Dios es el único que puede transformar nuestros corazones.

Ora, pídele al Señor que enfoque tu mente en Él. Pídele que te permita verlo como el tesoro más preciado de tu corazón. Una vida de oración nos lleva a un enfoque celestial.

2. Necesitamos intencionalidad

Como ya hemos visto, el pasaje de Colosenses nos llama a buscar. Esa búsqueda continua requiere que mi voluntad sea movida en esa dirección, y esta parte va muy de la mano con el punto anterior, porque lo primero que necesito es depender de Él y reconocer que no puedo lograrlo por mí misma. Pero a la vez, tú y yo somos llamadas a una vida de obediencia en fe. Una vida que esté dispuesta a someter su voluntad al señorío de Jesús, porque Él es digno de recibir nuestra obediencia como un acto de adoración.

Nosotras vivimos en una generación que se rige bajo la idolatría de los sentidos. Hacemos o dejamos de hacer según lo sintamos y, como ya hemos hablado, necesitamos poner aquello que es verdad por encima de nuestros sentimientos, pedirle al Señor y buscar intencionalmente que nuestros ojos estén fijos en Él.

3. Necesitamos la Palabra

No hay manera de que podamos poner nuestra mente en las cosas de arriba apartadas de la Palabra. Si la Palabra no es lo que llena nuestra mente, otra cosa lo hará.

Poner la mente en las cosas de Cristo requiere que yo lo conozca, y no podemos conocerlo si no vamos a las Escrituras, porque es allí donde Él ha decidido revelarse. En nuestro caminar como creyentes, necesitamos crecer en nuestro amor por Jesús, pero el camino al corazón comienza por el entendimiento.

Ciertamente, el beneficio de la lectura debe llegar al alma por el camino del entendimiento. La mente debe tener iluminación antes de que los afectos puedan elevarse apropiadamente hacia su objeto divino [...]. Debe haber conocimiento de Dios antes de que pueda haber amor a Dios: debe haber un conocimiento de las cosas divinas, tal como son reveladas, antes de que pueda haber un disfrute de ellas —Charles Spurgeon.[5]

Nuestro entendimiento va siendo iluminado en la medida que escuchamos y leemos, que nos disponemos a que esas palabras entren a nuestras mentes y, entonces, nos deleitemos en ella. Pero esto no solo requiere que me exponga a la Palabra en lectura o estudio, sino que necesitamos meditar en ella.

El autor Donald Whitney define la meditación como «una reflexión profunda sobre las verdades y las realidades espirituales reveladas en la Escritura, que tiene como propósito la comprensión, la aplicación y la oración.»[6] Es la meditación lo que nos permite digerir aquello que hemos recibido de la Palabra. Es la meditación lo que nos permite llenar nuestras mentes de sus verdades y nos ayuda en nuestra búsqueda de las cosas de arriba.

Una de las cosas que ocurren en medio de nuestros anhelos insatisfechos es que, en ocasiones, convertimos eso que anhelamos en un ídolo de nuestro corazón y, por naturaleza, los ídolos tienen la tendencia de absorber nuestros pensamientos. La meditación nos ayuda a quitarnos a nosotras y nuestras circunstancias del centro de nuestra mente y nos lleva a llenarla todo el día con las verdades de la Palabra.

Un aspecto más que sirve a la meditación es la memorización. Memorizamos las Escrituras no con la intención de saber mucha

---

5. Charles Spurgeon, *How to read the Bible*. The Spurgeon Center. https://www.spurgeon.org/resource-library/sermons/how-to-read-the-bible/#flipbook/
6. Donald Whitney, *Spiritual Disciplines for the Christian Life*, ed. rev. (Carol Stream, IL: NavPress, 2014), p. 46.

Biblia no para que nuestras mentes estén cada vez más llenas de información, sino para que eso que memorizo, que es Palabra de Dios, baje a mi corazón e influya en todo lo que soy.

Al final, queremos que nuestros afectos sean impactados por la Palabra porque Dios no es una idea para que consideremos, sino una persona a la que debemos amar y, como ya mencioné, el camino a nuestros afectos es nuestro entendimiento. En ese sentido, entonces, la memorización nos ayuda en la meditación y cada una de estas disciplinas nos ayudarán a fijar nuestras mentes en las cosas de arriba.

La razón subyacente

Todo lo anterior es posible solamente por la realidad que el pasaje de Colosenses nos recuerda. Permíteme traerte estos versículos una vez más:

> Porque ustedes han muerto, y su vida está escondida con Cristo en Dios. Cuando Cristo, nuestra vida, sea manifestado, entonces ustedes también serán manifestados con Él en gloria (3:3-4).

Podemos hacer todo esto porque hemos muerto con Cristo. Podemos hacer todo esto porque nuestras vidas están seguras en Él. Podemos hacer todo esto porque, un día, seremos manifestadas con Él en gloria.

Hay una realidad presente que nos capacita y una realidad futura que nos impulsa y nos da esperanza en medio de este caminar de anhelos insatisfechos.

Cristo es el único lugar en el cual, al poner nuestra mente, podemos encontrar plenitud. Cristo es el único lugar en el cual, al poner nuestra mente, podemos estar completas. Cristo es el único lugar en el cual, al poner nuestra mente, no tendremos sed jamás. Todo ídolo que levantamos y al que le permitimos dominar nuestras mentes y corazones jamás podrá saciarnos. Solo Cristo es de verdad genuinamente dueño y Señor, y solo en Él nuestros corazones están seguros.

Historias reales

Cuando yo tenía dieciséis años, mi papá nos dio la noticia a mi familia y a mí de que había conocido al Señor. Nos dijo que había entendido, a través de un pastor que le predicó el evangelio, que era un pecador que necesitaba un redentor, y que ese Redentor era Cristo. En ese momento, estábamos fuera de la ciudad por las vacaciones de verano y comenzamos a visitar una iglesia que sabíamos que iba a ser temporal, porque cuando el verano terminara, volveríamos a nuestra ciudad.

Un mes después de haber vuelto de las vacaciones, comenzamos a ir a la iglesia del pastor que le predicó el evangelio a mi papá. Cuando llevábamos tres años como parte de esta iglesia junto a mi familia, mi hermana y yo tomamos la decisión de irnos a una escuela de misiones.

Mientras estábamos en esta escuela, comenzamos a conocer muchas verdades de la Palabra que hasta el momento nos eran desconocidas y nos maravillaban.

Durante cinco meses, nos dedicamos a estudiar la Palabra y entendimos que esa era la forma en la que un creyente debía vivir: apegado a las Escrituras, pero eso no era lo que a nosotras nos habían enseñado. En la iglesia en la que estábamos, nos enseñaron que lo único que necesitábamos en nuestra vida como creyentes era un breve devocional, orar y luego seguir con nuestras vidas; y si ibas cuatro o cinco veces a la semana a la iglesia, estarías aún mejor con el Señor.

Al regresar de esta escuela, lo que queríamos era seguir conociendo cada vez más de la Biblia, pero encontramos oposición de parte de nuestra iglesia. «No está bien que quieran pasar tanto tiempo en eso», nos decían. «Hacer tantas preguntas no las va a llevar por buen camino». Nos decían que lo que nosotras necesitábamos era seguir la visión de los líderes y no estar buscando en la Biblia lo que Dios dijo hace tantos años.

Otra cosa que comenzamos a notar a nuestro regreso fue el alto grado de control dentro de la iglesia y el aislamiento en el que nos mantenían porque no estaba bien visto que visitáramos otras iglesias o que compartiéramos con otros cristianos que no eran parte de nuestra congregación. Mientras veíamos estas cosas, mi hermana y yo tomamos la decisión de guardar silencio y buscar ser fieles a quienes nos habían llevado a los caminos del Señor, aun en medio de tantas cosas con las que no estábamos de acuerdo. Durante este tiempo, pasamos muchos momentos de soledad, porque aun nuestros padres estaban en contra de lo que nosotras estábamos viendo y a favor de las posturas de la que era nuestra iglesia en ese momento. En esa época conocí a quien hoy es mi esposo y nos casamos. Al comenzar a vivir juntos, me di cuenta de que él también tenía dudas, pero a diferencia de mí él no se quedó en silencio. Siguió haciendo preguntas a pesar de que no eran bien recibidas.

Llegó la pandemia, y durante ese tiempo en el que no podíamos congregarnos presencialmente, Dios nos llevó a mi esposo y a mí a profundizar más y más en las Escrituras, y veíamos cómo iba abriendo nuestros ojos a Sus verdades. En medio de todo esto, llegamos a una encrucijada. Yo había entendido, en mi orgullo, que con todo lo que Dios me estaba mostrando en Su Palabra, yo era la responsable de ir a mi iglesia y llevar transformación. Pero, cuanto más trataba de llevar las verdades que había conocido, más me encontraba con indiferencia o rechazo. Muchos comentaron que estábamos tratando de saber más de la Biblia pero que estábamos dejando de lado la fe, y me consideraron alguien infiel por no seguir la visión de mis líderes.

Todo este proceso terminó en que mi esposo y yo nos diéramos cuenta de que no estábamos en un lugar en el que éramos guiados bíblicamente, y el ambiente de control en el que nos desenvolvíamos no era sano. Nosotros teníamos un gran deseo en nuestro corazón de ver a esa iglesia transformada por la Palabra, pero nos dábamos cuenta de que eso no estaba ocurriendo. Entonces, tomamos la decisión de pasar a una iglesia en la que se predicara la Palabra con fidelidad y donde se buscara vivir el evangelio.

Al final de este proceso y en la medida en la que veíamos que Dios nos guiaba en otra dirección, pude darme cuenta del orgullo de mi corazón y mi pecado de control, porque yo entendía que en mí estaba lo que se necesitaba para que esta iglesia cambiara. Pensaba que era mi responsabilidad traer el cambio y, cuando me di cuenta de que yo no tenía el control y que en mí no estaba lo que se necesitaba para esto, mi corazón se llenó de ansiedad; pero en ese proceso, el Señor me fue llevando a descansar en Él. Pude también darme cuenta de los ídolos que había levantado en mi corazón, porque cada uno de los líderes de esta iglesia se habían convertido en un ídolo en mi vida, a los que yo seguía por encima de la Palabra.

Aun en medio de este proceso en el cual el Señor me mostraba mi pecado, y en el cual mi corazón se dolía al ver esta iglesia en la que todavía estaba mi familia (que ponía la visión de los líderes por encima de la Palabra), pude ver cómo Dios, de una manera tan paciente, nos iba guiando a Su verdad y nos sostenía. El Señor me mostró que tenía el control de mi vida y de todo a mi alrededor, y me enseñó que todo lo que me acontecía Él lo usaba para bien.

Dios nos dio la oportunidad de llegar a una iglesia en la que encontramos lo que estábamos buscando y en la que nos sentimos felices, pero todavía tengo momentos en los que lucho con la tentación de pensar que era mi responsabilidad hacer que mi iglesia anterior cambiara.

Sin embargo, cuando me encuentro en medio de esos pensamientos, trato de recordarle a mi alma la verdad de que Dios tiene el control, de que Él es soberano y es quien cuida y guarda a todos los que son suyos, no yo. Le recuerdo a mi alma que Él es quien abre los ojos de los que aún no lo conocen y que la salvación es de Él. Traer estas verdades a mi alma en medio de la tentación me ayuda a poner mis ojos en el Señor y a quitarlos de mí.

La verdad del evangelio de nuestro Señor y la gracia inexplicable de Jesús, que entregó Su vida en nuestro favor, me llevó a tener su paz y a seguir adelante sabiendo que Él me sostiene, que me ama tal como soy y que en Su amor no me dejará como estoy.

Un vistazo al corazón

1. Lee una vez más Romanos 1:25. ¿De qué manera te has encontrado adorando algo creado en lugar del Creador?

2. A lo largo de este capítulo, ¿Dios te mostró algún ídolo en tu vida? ¿Cuál, y cómo te diste cuenta?

3. Lee Isaías 45:5-7. Haz una lista de aquellas cosas que el Señor dice que es y hace.

4. ¿De qué manera el versículo anterior ministra tu corazón?

4

Nuestra confianza en la espera

VIVO EN LA REPÚBLICA DOMINICANA, y una de las cosas que caracterizan a mi país es sus playas, y puedo decirte con total certeza que es uno de los lugares en los que más me gusta estar. Disfruto el azul claro del agua y la tranquilidad de algunas de nuestras playas. Camino en la arena mientras el agua moja mis pies y voy recogiendo caracolas a mi paso. Pero no solo tenemos playas de aguas calmas; hay otras donde mis hijos y yo también disfrutamos mucho, y son las que tienen fuertes olas. Nos encanta entrar a las playas con oleajes, estar atentos, ver de qué tamaño vendrá la ola y prepararnos para cuando venga.

Pero hay algo que hemos aprendido con el oleaje, y es que las olas son más fuertes cuanto más cerca de la orilla estamos. En la medida en que podemos adentrarnos más profundo, la playa que desde afuera se ve feroz, se vuelve tranquila y relajada.

El salmo 13 me recuerda mucho a estas playas. Hasta este momento, hemos podido ver el recorrido del corazón de David a través de esta canción. Vimos cómo el salmista siente que Dios lo ha olvidado y que ha escondido Su rostro de él. Luego vimos su clamor, donde le pide al Señor que lo mire y le responda, que no lo deje morir, y que no permita que sus enemigos canten victoria.

Al inicio de este salmo, David muestra un corazón atribulado y confundido, pero mientras los versos de esta canción avanzan, el corazón del salmista va cambiando y las fuertes aguas que golpean su mente y corazón se van tranquilizando, aunque él sigue estando en el mismo mar.

Ahora, tras expresar su corazón y derramar su alma en clamor al Señor, David nos trae estas palabras: «Pero yo en tu misericordia he confiado» (Sal. 13:5). La manera en que estas líneas están escritas nos dan la idea de que hubo un momento específico en el que David decidió poner su confianza en el Señor, un momento en el que él pudo decir: «sin importar lo que esté pasando, yo voy a confiar en ti». David tomó una decisión consciente de confiar en Dios.

Este tema de la confianza en el Señor, en medio de nuestros anhelos insatisfechos, muchas veces se nos hace difícil. En ocasiones, no confiamos porque pensamos que, si lo hacemos, definitivamente no vamos a llegar a tener eso que deseamos. Se nos hace difícil confiar porque no estamos tan seguras de que Dios tiene todo el control de nuestras vidas, y tampoco creemos completamente que Él quiera nuestro bien.

No confiamos porque pensamos que sabemos más que Dios y que nuestros planes son lo mejor para nuestras vidas, o porque hay otras cosas en las que pensamos que nuestra confianza estará más segura.

Pero, gracias a Dios y a Su gracia sobre nuestras vidas, hay momentos en los que Él nos lleva a darnos cuenta de que no hay otro lugar para nuestra confianza. Hay momentos en los que pareciera que todo aquello en lo que habíamos depositado nuestra confianza se derrumba y no nos queda más que correr a Él. Bendito sea el Señor por esos momentos que nos llevan a darnos cuenta de la realidad de nuestro corazón y de nuestra profunda necesidad de confiar solo en Él.

Entender la confianza

Las primeras dos palabras del versículo 5 son un gran aliento de esperanza: «Pero yo...». Las circunstancias de David no cambiaron de manera inmediata, pero lo que vemos aquí es cómo él toma una decisión consciente de confiar en Dios a pesar de todo lo demás. A pesar de que las cosas estén igual, a pesar de lo que sus sentimientos podían estar diciendo, él decide confiar en el Señor. Esto es algo importante en el tema de la confianza. La confianza en el Señor no depende de nuestros sentimientos, sino de lo que es verdad, y por eso es una decisión. Yo decido conscientemente confiar en el Señor a pesar de cómo luzca todo mi alrededor y de lo que esté ocurriendo en mi interior.

La mayoría de nosotras somos muy dadas a dejar que nuestros sentimientos gobiernen: sentimos que Dios no nos ama, y entonces les creemos a nuestros sentimientos por encima de Su Palabra que nos dice que no hay nada ni nadie que nos pueda separar de Su amor (Rom. 8:38-39). Ponemos nuestra confianza en lo que entendemos que es mejor para nuestras vidas porque no le creemos a Él cuando nos dice que Sus planes para nosotras son de bondad. Sentimos que Dios nos ha olvidado y creemos que no vale la pena poner nuestra confianza en un Dios que, según nuestros sentimientos, no nos tiene presentes, a pesar de que Su Palabra nos enseña que no se cae un pájaro sin que Dios lo permita, y que nosotras valemos mucho más que ellos (Mat. 10:29-31).

Dejamos que los sentimientos gobiernen. Dejamos que nuestro corazón tome el rumbo que quiera. Dejamos que lo que ven nuestros ojos defina el lugar de nuestra confianza, pero nuestro corazón es engañoso y nuestros ojos no están viendo por encima del sol. Proverbios 3:5 nos dice: «Confía en el Señor con todo tu corazón, y no te apoyes en tu propio entendimiento». Nuestro entendimiento no es confiable; apoyarnos en él es como recostarnos en una mesa a la que le falta una pata y pensar que estaremos firmes y seguras.

Mi querida amiga, nuestros sentimientos y circunstancias no son voces seguras de las que podemos fiarnos. De un momento a otro cambian, de un momento a otro se contradicen, pero Dios no es así. Él es el mismo ayer, hoy y siempre. Él no cambia, las circunstancias no pueden moverlo, nadie cambia Sus designios, nada ni nadie afecta Su carácter, solo en Él nuestra confianza está segura.

Ahora, confiar en Dios no significa que mi problema vaya a desaparecer o que mi anhelo será satisfecho porque confié en Él, sino que rindo mi corazón al Dios que es soberano, bueno y que sabe lo que es mejor.

Confiar en el Señor no me pone en una posición en la que puedo demandarle a Dios que me conceda lo que anhelo porque he confiado en Él. Pero sí me pone en una posición en la que mi alma puede estar en paz, porque sé que no hay nadie mejor que Él para gobernar mi vida. Confiar no significa que el dolor desaparecerá, pero sí que descanso en uno que entiende mi dolor, se duele conmigo y me brinda Su consuelo. Confiar en el Señor no implicará que de repente entenderé por completo todo lo que está ocurriendo en mi vida, pero sí descansaré en la certeza de que mi vida no está en el aire, sino en las manos de mi fiel Redentor.

¿Por qué confiar en Él?

La Biblia nos llama a que confiemos en el Señor:

Ofrezcan sacrificios de justicia, y confíen en el Señor (Sal. 4:5).

Confíen en Él en todo tiempo, oh pueblo; derramen su corazón delante de Él; Dios es nuestro refugio (Sal. 62:8).

Los que temen al Señor, confíen en el Señor; Él es su ayuda y su escudo (Sal. 115:11).

Confíen en el Señor para siempre, porque en Dios el Señor, tenemos una Roca eterna (Isa. 26:4).

En lugar de poner nuestra confianza en algo creado, somos llamadas a confiar en el Señor nuestro Dios, y toda Su esencia es diga de confianza. Dios es el Creador y quien sustenta todo lo que existe. No está limitado por absolutamente nada y no necesita de nadie para existir. Dios mismo es la fuente de vida. Es omnipotente, omnipresente, omnisciente y no hay nada ni nadie que pueda cambiar Sus propósitos. Su soberanía es absoluta y nada puede tomarlo por sorpresa. Él es el Dios que no duerme y que jamás se cansa. No aprende, porque lo sabe todo.

Él es justo sin medida y Su sabiduría es sin fin. Él es santo, santo, santo, y no hay pecado alguno en Él. Dios es amor. Él ama Su creación y tiene un amor especial por los suyos del cual, por la obra de amor de Cristo, absolutamente nada nos podrá separar (Rom. 8:38-39).

Dios es bueno y nos llama a ver Su bondad y probar de ella. Su Palabra es verdad. Él no habla en vano y no es hombre para que mienta (Núm. 23:19). Dios es digno de confianza porque a lo largo de Su historia lo hemos visto cumplir Su plan perfecto de redención, y toda una nube de testigos depositó su confianza en Él gracias a quien es:

Abel confió en Dios y ofreció un sacrificio digno.

Noé confió en Dios y construyó un arca.

Abraham confió en Dios y dejó su tierra, sin saber adónde iba y en esa misma confianza estuvo dispuesto a sacrificar a su hijo.

Daniel confió en Dios aun en medio de leones.

Ester confió en Dios y se acercó al rey sin haber sido llamada, para hablar a favor del pueblo.

Los profetas confiaron en Dios y hablaron de parte de Él a un pueblo rebelde.

Los apóstoles confiaron en Dios al punto de entregar sus propias vidas por causa de Él.

Dios es digno de nuestra confianza y fiel a cada una de Sus promesas, y una de esas promesas es lo que nos dice en Hebreos 13:5: «Nunca te dejaré ni te desampararé».

Dios quiere que aceptemos la verdad de que, sin importar las circunstancias que estemos atravesando, podemos creer que no estamos a merced de nuestras circunstancias. Puede que en algunos momentos perdamos el sentido de la presencia de Dios en medio de la aflicción. De una manera hermosa, vemos a Job expresar ese sentir y aun así depositar su confianza en Dios:

Me adelanto, pero Él no está allí,
Retrocedo, pero no lo puedo percibir;
Cuando se manifiesta a la izquierda, no lo distingo,
Se vuelve a la derecha, y no lo veo.

Pero Él sabe el camino que tomo;
Cuando me haya probado, saldré como el oro
(Job 23:8-10)

Aunque Job no podía verlo, confió en que Dios estaba cuidando de él y lo llevaría a terminar su prueba purificado como el oro. Tú y yo, como Job y como David, en medio de nuestros anhelos insatisfechos, experimentaremos el mismo sentir de que Dios se ha escondido de nosotras. En esos momentos, por quien Dios es y lo que ha prometido, podemos sostenernos en Sus promesas y decidir confiar.

Confianza en el lugar equivocado

Dios es el lugar donde debe estar nuestra confianza pero, como ya hemos visto, eso no es siempre lo que ocurre. En ocasiones, nos encontramos poniendo nuestra confianza en cualquier otro lugar que no es Él, y esto siempre traerá consecuencias.

Hay dos tendencias de nuestro corazón, que he visto aun en mi propia vida cuando no pongo mi confianza en el Señor: control y temor. Hablemos primero del control.

De alguna manera y en algún grado, por causa de nuestra naturaleza caída, todas somos controladoras. Hay algo en nosotras que siempre está buscando nuestra manera y nuestros resultados en nuestras vidas y en la de los demás.

Ese deseo de control se incrementa cuando nuestra confianza no está puesta en el Señor y, claro, esto es así porque alguien debe tener el control; y si no confío en Él ni creo que Su control sea bueno, tendré el falso entendimiento de que en mis manos está que algo bueno ocurra en mi situación.

Hay algunas cosas que ese deseo de control revela de nuestro corazón:

1. Nuestro deseo de control muestra nuestra desconfianza en Dios

La Biblia nos enseña que Dios es soberano. Job 42:2 dice: «Yo sé que Tú puedes hacer todas las cosas, Y que ninguno de Tus propósitos puede ser frustrado».

Dios tiene el control de absolutamente todo. R. C. Sproul dijo: «Si existiera alguna molécula suelta por ahí, no tendríamos ninguna seguridad de que esta sola molécula no sea un grano de arena en la maquinaria del plan eterno de Dios. Puede ser aquello que se desboque y haga imposible, en última instancia, que Cristo regrese a este planeta. Puede ser lo que destruya cualquier esperanza de la consumación del reino de Dios, dejando incumplidas todas esas promesas de Dios. No hay moléculas sueltas en un universo donde Dios es soberano».[1]

Nuestro deseo de control revela que no confiamos en esa soberanía de Dios, pero muestra también que no confiamos en Su carácter.

Quizás yo pienso que Dios es soberano pero no creo que Su soberanía sea buena o que sea justa, y entonces nuestra desconfianza nos lleva a querer resolver por nuestra propia cuenta. Nos lleva a controlar.

---

1. Sproul R. C., «*Chosen by God*», Ligonier Ministries. https://www.ligonier.org/learn/series/chosen-by-god/gods-sovereignty

Ahora bien, nuestro deseo de control no solo revela nuestra desconfianza en Dios. También muestra el orgullo de nuestro corazón, que dice que sé más que Dios. Deseamos controlar porque pensamos que nuestra manera es mejor, que nuestro diseño para cada circunstancia es el correcto y, al final, todo eso es orgullo. Y la Biblia nos enseña en Proverbios 16:18: «Delante de la destrucción va el orgullo, y delante de la caída, la arrogancia de espíritu». Al final, en nuestro orgullo, lo que estamos tratando es ser Dios para nuestras vidas y la de los demás. En medio de nuestro deseo de control, pensamos que de nosotras depende que algo suceda o no, pensamos que, si soltamos lo que sea que estamos tratando de controlar, lo vamos a perder.

Al final, terminamos con un corazón agotado y sin paz, porque jamás podremos ser Dios para nadie ni en nuestras circunstancias jamás podremos tener el control.

2. Nuestro corazón tiende al temor

Lo otro que ocurre cuando nuestra confianza no está en el Señor es que nuestro corazón tiende al temor. Tiene mucho sentido que esto ocurra en nosotras, porque aun en lo profundo de nuestro corazón nos damos cuenta de que no hay lugar más seguro que el Señor para depositar nuestra confianza, pero en nuestra necedad, decidimos llevarla a otro lugar.

Cuando el temor nos inunda, pareciera como si nuestra capacidad de pensar racionalmente se evapora, las promesas de Dios fueran olvidadas y nuestras vidas estuvieran fuera de control.

El temor tiene la característica de poner nuestros ojos en aquello que tememos en lugar de en el Dios que tiene el control. Nuestro temor magnifica el objeto de nuestro miedo y empequeñece nuestra visión de Dios. También nos lleva a crear en nuestras mentes los escenarios que representan nuestras peores pesadillas, y terminamos dejándonos dominar por aquello que ni siquiera es real. Un corazón que no ha puesto su confianza en el Señor tendrá la tendencia de querer controlar y ser dominado por el temor. Entonces, en lugar de tratar de tener el control o ser inundadas por el temor:

- Necesitamos confiar en que Jesús es soberano sobre todas las cosas.

... En Él todas las cosas permanecen (Col. 1:17).

Él es quien sustenta y nada se escapa de su control.

- Necesitamos confiar en que Él es bueno.

Prueben y vean que el SEÑOR es bueno. ¡Cuán bienaventurado es el hombre que en Él se refugia! (Sal. 34:8)

Él es bueno siempre y Su bondad, mi querida amiga, no tiene nada que ver con nuestro desempeño, sino con quién Él es; ese es Su corazón.

- Necesitamos confiar en Sus promesas en lugar de nuestras propias ideas.

Nuestras ideas son cambiantes, pero Sus promesas son siempre seguras, y la Palabra misma nos enseña que Dios manifiesta Su divino poder a través de ellas y nos transforma en la medida en que vivimos conforme a ellas.

- Necesitamos confiar en Su sabiduría, que es infinitamente superior a la nuestra.

Fíjate en lo que la Biblia nos dice sobre Jesús: «En quien están escondidos todos los tesoros de la sabiduría y del conocimiento» (Col. 2:3). Jesús es la sabiduría personificada. No hay mayor sabiduría en nadie más. Él sabe lo que es mejor siempre, y opera de la mejor manera posible siempre.

- Necesitamos confiar en Sus caminos, que son mejores que los nuestros.

Apocalipsis 15:3 dice: «¡Grandes y maravillosas son Tus obras, oh Señor Dios, Todopoderoso! ¡Justos y verdaderos son Tus caminos, oh Rey de las naciones!».

Si hubiese sido por nosotras, la cruz no habría sido nuestra decisión. No la habríamos visto como un camino mejor, pero sin duda, lo fue. No pudo haber un camino mejor. No hay nada que podría haber traído un mayor bien a la humanidad. Él sabe qué es mejor, y esa es una realidad en la que debemos descansar.

Padre de misericordias

Volvamos una vez más al versículo 5 del salmo 13: «Pero yo en tu misericordia he confiado».

Ya hemos visto cómo el salmista pone su confianza en el Señor a pesar de sus circunstancias y sentimientos, pero este salmo nos deja ver que, de manera específica, David decide poner su confianza en la misericordia del Señor.

En 2 Corintios 1:3 vemos a Dios como el Padre de misericordias y el Dios de toda consolación. La idea aquí es presentar a Dios como un Padre que, de Su mismo ser, engendra misericordias, y esas misericordias reflejan Su carácter.

Nuestro trino Dios es uno de grandes misericordias provistas para nosotras en cada una de nuestras necesidades. En Sus misericordias, Él gobierna cada detalle de nuestras vidas. Si nuestro corazón está entristecido, Dios en Sus misericordias nos brinda consuelo. Si estamos atribuladas, en Sus misericordias nos brinda esperanza. Si hemos pecado, en Sus misericordias nos extiende perdón. ¡Qué Padre de misericordias es este en el que podemos depositar nuestra confianza!

Hablar de Dios el Padre como «Padre de misericordias» es decir que Él es quien multiplica las misericordias a Su pueblo necesitado, rebelde, desordenado, caído y errante.[2]

David puso su confianza en la misericordia de Dios, en su amor leal para con él, en Su pacto eterno con los suyos. Y esta realidad del pacto fiel de Dios la vemos a lo largo de toda la Escritura. Acompáñame un momento a explorar un relato que aparece en Génesis 15.

En este capítulo, nos encontramos a Dios haciendo un pacto con Abram (para este momento su nombre no había sido cambiado a Abraham). Dios habla y le dice que su recompensa será grande, pero Abram se pregunta qué sería aquello que Dios le daría si él no tenía descendencia. El Señor le dice que su heredero vendría de sus entrañas y le deja ver que como son las estrellas de innumerables, así sería su descendencia.

Las circunstancias de Abram no parecían apuntar a esta realidad que Dios le estaba señalando, pero el versículo 6 nos dice que «Abram creyó en el Señor, y Él se lo reconoció por justicia».

---

2. Dane Ortlund, *Manso y humilde* (Nashville, TN: B&H Español, 2021), p. 132.

Después de esto, el Señor le dijo que le daría la tierra para que la poseyera, y Abram le preguntó a Dios cómo podría saber que la iba a poseer, cómo tendría seguridad de esta promesa. Dios, en Su misericordia, le respondió. Lo mandó llevarle un novillo, una cabra y una tórtola. Abraham partió los animales y puso cada mitad frente a la otra.

Entonces, Dios hizo que Abram cayera en un sueño profundo y el terror de una gran oscuridad estuvo sobre él, y cuando el sol terminó de ponerse, apareció un horno humeante y una antorcha de fuego pasó entre las mitades de los animales. ¡Seguramente un éxtasis se apoderó del alma de Abram! No se le había pedido que se uniera al desfile, que pasara con Dios entre las piezas. Solo Dios pasó. Este fue un pacto incondicional y unilateral. Dios (con asombrosa condescendencia) estaba simbolizando que, si faltaba a Su palabra, sería partido como los animales sacrificados. Dios estaba garantizando que los descendientes de Abram obtendrían la tierra o Dios moriría, y Dios no puede morir; entonces Su pacto era seguro. Dios hizo un pacto con Abram y su descendencia, y solo Él pasó entre las partes.

Por definición, un pacto es un acuerdo entre dos partes en el que ambos están obligados a cumplir lo que han acordado. Pero el pacto que Dios hace aquí es uno donde Él es la única parte que firma. Dios sella el pacto consigo mismo y, por lo tanto, va a cumplir. Como Dios hizo un compromiso consigo mismo, no hay parte del pacto que vaya a fallar. Qué grandioso es nuestro Dios, qué corazón tan lleno de misericordia, qué amor tan fiel es el que nos extiende.

Pero Su pacto y Su amor no se quedaron en Abraham (a quien Dios le cambió el nombre en Génesis 17). No se quedó solamente en Dios pasando a que Dios pasara entre los animales partidos.

Él nos mostró Sus misericordias y Su pacto de amor de la manera más extraordinaria.

> ¿Con qué figura pudo Dios haber demostrado su compromiso con Abram más gráficamente? ¿Cómo podría haberse mostrado más vívidamente? La única forma habría sido que la figura se hiciera realidad, que el Dios siempre viviente asumiera la naturaleza humana y probara la muerte en lugar de los hijos de Abram que quebrantan el pacto. Y eso fue precisamente lo que Dios hizo en Jesucristo.
>
> En la cruz, la maldición del pacto cayó completamente sobre Jesús, para que los culpables que depositaran su confianza en Él pudieran experimentar las bendiciones del pacto. Jesús llevó el castigo por nuestros pecados, para que Dios sea nuestro Dios y nosotros Su pueblo.[3]

El Padre de misericordias nos dio la manifestación más grande de ella a través de la obra de Cristo. Su misericordia fluye a nuestras vidas a través del madero, del Hijo inocente colgado allí en lugar del culpable, y luego levantado de entre los muertos para darnos seguridad eterna en Él.

En medio de nuestros anhelos insatisfechos, tú y yo podemos confiar en las misericordias de nuestro Dios, en Su compromiso de amor con nosotros. Podemos confiar en que no hay nada que ocurra o deje de ocurrir en nuestras vidas que no fluya desde el Calvario y que no haya pasado por Sus manos agrietadas primero.

---

3. Iain M. Duguid, *Living in the Gap Between Promise and Reality* (Phillipsburg, NJ: P&R Publishing, 1999), p. 59.

Paciencia durante la espera

Una de las cosas que por lo menos a mí se me hace difícil de los tiempos de espera es la paciencia. Saber que estoy esperando pero no saber qué es exactamente eso que voy a recibir o que no recibiré, porque la realidad es que, por mucho que desee algo, eso no implica que es lo que voy a recibir.

Fíjate, tener paciencia no es exactamente igual a esperar. Podemos esperar porque no nos queda opción, y hacerlo sin paciencia. Por ejemplo: estás en un banco y hace mucho que estás esperando y no te atienden, pero no tienes opción porque necesitas resolver algo; entonces, sigues esperando. Pero, mientras esperas, tu corazón está inquieto y estás quejándote. Sin lugar a dudas estás esperando, pero no lo estás haciendo con paciencia.

Esperar es algo que *hacemos*, pero la paciencia es algo que *ofrecemos*. En la espera, normalmente no tenemos otra opción, pero la paciencia es la actitud de nuestro corazón que le ofrecemos a Dios mientras esperamos. Nuestra respuesta de paciencia es una de las formas en que mostramos nuestra confianza en el Señor. Mostramos que lo conocemos, que sabemos que Él nos ama y obra para nuestro bien.

La paciencia puede lucir como perseverancia en medio de las circunstancias difíciles (Rom. 12:2) y la Biblia también nos recuerda que es fruto del Espíritu (Gál. 5:22-24) y una de las características del amor (1 Cor. 13:4).

La carta de Santiago también nos presenta una imagen de la paciencia y como está atada a nuestra confianza en el Señor:

Por tanto, hermanos, sean pacientes hasta la venida del
Señor. Miren cómo el labrador espera el fruto precioso
de la tierra, siendo paciente en ello hasta que recibe la lluvia temprana y la tardía. Sean también ustedes pacientes.
Fortalezcan sus corazones, porque la venida del Señor está
cerca. […] Hermanos, tomen como ejemplo de paciencia
y aflicción a los profetas que hablaron en el nombre del
Señor. Miren que tenemos por bienaventurados a los que
sufrieron. Han oído de la paciencia de Job, y han visto
el resultado del proceder del Señor, que el Señor es muy
compasivo y misericordioso (Sant. 5:7-8; 10-11).

Las personas a las que el apóstol habla en este capítulo estaban
pasando situaciones difíciles. Estaban siendo oprimidas por ricos
no creyentes en posiciones de poder sobre ellas. Y el llamado de
Santiago es a ser pacientes en medio de su situación hasta la venida
del Señor.

Santiago ilustra la paciencia con esta imagen del labrador que
espera el fruto de la tierra. Él hizo el trabajo de la siembra, pero
luego, no hay más nada qué pueda hacer más que esperar. Esta es
una espera que se da sin saber si la semilla está creciendo o si lo
hará de la manera en que él espera. Pero este labrador espera con
paciencia en Aquel que manda la lluvia y hace la semilla crecer.

Hay algo más que este pasaje hace, y es mostrar el ejemplo
de la paciencia de Job y el proceder compasivo y misericordioso
del Señor en medio de sus aflicciones. La historia de Job supone
mucho dolor. En el capítulo 1 del libro que lleva su nombre, Dios
le dice a Satanás que todo lo que es de Job estaba en su poder; solo
le dice que no extienda su mano sobre él (Job 1:12).

Luego, Job recibe la noticia de que había perdido a sus diez
hijos y, como respuesta, se rasga sus vestiduras, se postra en tierra
y adora al Señor:

«Desnudo salí del vientre de mi madre
Y desnudo volveré allá.
El Señor dio y el Señor quitó;
Bendito sea el nombre del Señor».
En todo esto Job no pecó ni culpó a Dios (Job 1:21-22).

Satanás continúa con Job y después de este enorme sufrimiento,
hiere a Job con llagas desde la cabeza hasta la planta de los pies. Y por
si esto fuera poco, en medio de toda esta aflicción, su esposa le dice:
«Maldice a Dios y muérete» (Job 2:9). Una vez más, Job responde
con paciencia y perseverancia: «Pero él le dijo: "Hablas como habla
cualquier mujer necia. ¿Aceptaremos el bien de Dios pero no aceptaremos el mal?". En todo esto Job no pecó con sus labios» (Job 2:10).

La historia no termina ahí. De hecho, el libro de Job tiene 42
capítulos que no cubriremos en esta sección, pero casi al final de
toda la narración, este libro menciona en su último capítulo una
poderosa declaración del mover y la providencia de Dios:

Entonces Job respondió al Señor:
«Yo sé que Tú puedes hacer todas las cosas,
Y que ninguno de Tus propósitos puede ser frustrado»
(Job 42:1-2).

Dios, en Su fidelidad, tuvo misericordia de Job y le volvió a
dar fortuna e hijos. Santiago nos muestra que la providencia y
el cuidado de Dios en la vida de Job son un fundamento para la
paciencia que estamos llamadas a tener en medio de las pruebas.

Mi querida amiga, nuestra paciencia en medio de la espera no está definida o determinada por el tamaño o el tipo de las pruebas que enfrentamos, sino por Aquel que, como Job declaró, Sus propósitos no pueden ser frustrados. Conocer al Señor, entender y creer que Él hace todo cuanto quiera y que Su mano se mueve con bondad nos ayuda a confiar y a responder en paciencia.

Permíteme contarte esta historia:

Benjamin Warfield fue un teólogo de renombre mundial que enseñó en el Seminario de Princeton durante casi treinta y cuatro años, hasta su muerte en 1921. Mucha gente conoce su famoso libro *The Inspiration and Authority of the Biblie* [La inspiración y autoridad de la Biblia], pero hubo algo más sobre él que necesitamos conocer. En 1876, a la edad de veinticinco años, se casó con Annie Pearce Kinkead, se fueron de luna de miel a Alemania y, durante una tormenta, Annie fue alcanzada por un rayo y quedó paralizada permanentemente... en su luna de miel.

Warfield cuidó de su esposa pacientemente durante treinta y nueve años, y después de todo ese tiempo de dedicación y entrega, enterró a su amada esposa en el año 1915. La historia de Warfield no termina con la restauración de su esposa, sino con su muerte en Jesús y la esperanza de un cuerpo glorificado para ella.

Por la condición de salud de Annie y sus grandes necesidades, Warfield casi nunca salió de su casa durante más de dos horas seguidas durante treinta y nueve años. Pero cuando Warfield llegó a escribir sus pensamientos sobre el pasaje de Romanos 8:28, esto fue lo que escribió: «El pensamiento fundamental es el gobierno universal de Dios, la providencia. Todo lo que llega a ti está bajo Su mano controladora. El pensamiento secundario es el favor de Dios para aquellos que lo aman. Si Él lo gobierna todo, entonces nada más que el bien puede suceder a aquellos a quienes Él quisiera hacer el bien... Él gobernará todas las cosas de tal manera que solo cosecharemos el bien de todo lo que nos suceda».[4]

Esas fueron las palabras de un hombre que supo esperar pacientemente en el Señor porque conocía a su Dios y descansaba en Su providencia, bondad y amor.

¡Nuestro Dios quiere hacernos bien y Él puede hacer todo lo que quiera! Y justamente, la mayor de las evidencias de que quiere hacernos bien y que nadie puede frustrar Sus propósitos la encontramos en la cruz. Ese fue el lugar donde el Dios de toda misericordia y compasión entregó a Su propio Hijo a morir la muerte más dura y cruel por pecadoras como nosotras. ¿Cómo dudar de tal amor? ¿Cómo no creer que genuinamente quiere nuestro bien y esperar con paciencia en medio del dolor?

Mi querida amiga, el cielo gobierna y lo hace para bien. Esperemos con paciencia en Aquel que se dio a sí mismo en nuestro favor y que en todo momento nos extiende Su compasión.

Aprendiendo a confiar

Como ya hemos dicho, confiar es una decisión, pero no una vacía. Muchas veces no vamos a entender lo que está ocurriendo en

---

4. John Piper, «*The Root of Beautiful Patience*», 10 de febrero 2021. https://www.desiringgod.org/interviews/the-root-of-beautiful-patience

nuestras vidas o lo que Dios está haciendo, pero nuestra confianza es una decisión que tomamos en fe.

Confiar en el Señor requerirá que aprendamos a ver nuestras vidas y cada una de nuestras circunstancias con los ojos de la fe. No basamos nuestra confianza en lo que está delante de nosotras, en aquello que nuestros ojos ven, sino en lo que no se ve, que es lo eterno. Ahora, esa fe que nos lleva a confiar en Dios tiene una fuente, y es la Palabra de Dios, porque es allí donde Él ha decidido revelar Su carácter.

Fíjate, no podemos confiar en aquello que no conocemos. Si una persona que nunca has visto y de la que no tienes ningún tipo de información se acerca a ti y te dice que confíes en ella y le permitas ir a tu casa, no importa con la fuerza con la que te lo pida o lo mucho que te diga que confíes, con toda probabilidad no se lo vas a permitir, porque no conoces nada de esa persona.

Dios nos llama a confiar en Él, pero esa confianza que nos demanda no es a ciegas. Tenemos Su Palabra, en la que Dios ha decidido revelar Su carácter perfecto y digno de confianza. Allí, Dios se ha mostrado como el Dios soberano, sabio y lleno de amor que sostiene nuestras vidas. Es allí donde podemos ver Su obrar desde el principio y Sus promesas para el final. Es solamente a través de las Escrituras, aplicadas por el Espíritu a nuestros corazones, que podemos recibir la gracia para confiar en Dios en medio de nuestros anhelos insatisfechos. Nuestras almas atribuladas y llenas de incertidumbre encuentran descanso en la certeza de Sus promesas y la veracidad de Su carácter revelado en las Escrituras.

La confianza no es un estado mental pasivo. Es un acto vigoroso del alma por el cual elegimos aferrarnos a las promesas de Dios y aferrarnos a ellas a pesar de la adversidad que a veces busca abrumarnos.[5]

Marcos 9:14-29 nos presenta el relato de un padre desesperado por su hijo que había estado endemoniado mucho tiempo. Este padre ya había tratado todo lo que estaba en sus manos y todo había fallado, así que en medio de su desesperación, se acercó a Jesús y le dijo: «Muchas veces ese espíritu lo ha echado en el fuego y también en el agua para destruirlo. Pero si Tú puedes hacer algo, ten misericordia de nosotros y ayúdanos» (v. 22).

A pesar de que este hombre se había acercado a Jesús, en su corazón había incredulidad, y en medio de ella, Jesús le responde: «"¿Cómo 'si Tú puedes?' […]. Todas las cosas son posibles para el que cree". Al instante el padre del muchacho gritó y dijo: "Creo; ayúdame en mi incredulidad"» (vv. 23-24).

Este padre reconoció la incredulidad de su corazón pero también que Jesús podía socorrerlo en medio de ella.

En medio de nuestros anhelos insatisfechos y la incredulidad que muchas veces envuelve nuestros corazones, el clamor de este padre debe convertirse en el nuestro:

¡Creo, ayúdame en mi incredulidad!
¡Creo, ayúdame a aferrarme a tus promesas!
¡Creo, ayúdame a verte en tu Palabra!

La fe de este hombre terminó en la liberación de su hijo, su anhelo fue satisfecho... pero eso no es lo que va a ocurrir con cada persona y circunstancia. Esta historia no tiene el propósito

5. Jerry Bridges, *Trusting God Even When Life Hurts* (Carol Stream, IL: Navpress, 1988, 2008). Edición digital, p. 216.

de enseñarnos que nuestra fe nos dará lo que anhelamos, porque el enfoque de este relato está en el Autor de la fe, Jesús, no en el milagro.

Una vida de fe no está detrás de que Dios nos dé lo que anhelamos, sino de creer y confiar en Su carácter, Sus promesas y la manifestación de Su voluntad que es siempre buena, agradable y perfecta (Rom. 12:1-2).

En medio de nuestros anhelos insatisfechos, corramos a Aquel que nos ayuda en nuestra incredulidad, busquemos conocerlo a través de Su Palabra y confiemos en Aquel que siempre obra para Su gloria y nuestro bien.

Historias reales

Desde niña, siempre tuve una relación cercana con mi papá. En nuestra familia, la figura paterna estaba muy presente en todos los sentidos en los que humanamente se pudiera estar. Mi papá conocía a Jesús y siempre fue un ejemplo para mi vida y la de mi familia, no solo con lo que nos enseñaba con sus palabras, sino también con la manera en la que vivía.

En el año 2016, mi papá comenzó a sufrir de dolores de espalda continuos que llevaron a mis padres a tomar la decisión de que se hiciera estudios para ver qué los estaba ocasionando, sin tener idea de lo significativo de la enfermedad que estaba detrás. Después de una serie de exámenes médicos, llegaron los resultados con un diagnóstico que nadie quiere escuchar: mi papá tenía cáncer de páncreas de grado 4.

Yo soy la mayor de tres hermanos, y recuerdo que fui la primera en recibir la noticia. De repente, en un abrir y cerrar de ojos, el mundo se me vino abajo. Pasamos mucho tiempo entre hospitales e internaciones frecuentes. Si mi papá no estaba hospitalizado en la clínica, lo estaba en la casa. Aunque la enfermedad de mi papá se convirtió en nuestro día a día, la vida fuera de esta realidad no paraba. Como la hermana mayor, trataba de que en medio de todo esto mis hermanos tuvieran «días normales» y sentía la responsabilidad de hacer que este proceso tan doloroso fuera lo menos cargado posible para ellos.

Recuerdo cómo aun desde la cama de un hospital, mi papá seguía enseñándonos y cuidando de nosotros. Recuerdo el profundo amor que le mostraba a mi mamá aun en medio de los días más duros.

Desde que mi papá recibió el diagnóstico, pasaron noventa días y luego, justo diez días después de que cumplí mis veintiún años, el Señor se llevó a mi papá a Su presencia. En medio del dolor de haber perdido a alguien que amamos tanto, Dios me llevaba a recordar y tratar de vivir la verdad de que Él es el que quita y Él es el que da. Estas verdades que conocía desde antes tomaron un significado distinto y fortalecían mi corazón en los momentos en los que recordaba que anhelos de mi corazón no iban a ser cumplidos, como caminar hacia el altar de la mano de mi papá.

Durante todo este tiempo de dolor, Dios se hizo muy real y presente en mi vida y la de mi familia. Pudimos ver Su mano obrando milagrosamente, no sanando a mi papá —que era algo que sin duda anhelábamos—, pero sí en Su provisión y cuidado continuo y en cómo sostuvo a mi papá, física y espiritualmente, hasta el día de Su partida.

En todo este proceso, Dios ha hecho una obra especial en mí. Me ha enseñado a ver esta vida con ojos distintos, sabiendo que Dios gobierna y no hay manera en que podamos agregar un día más al tiempo que Él ha destinado para cada uno de nosotros en esta tierra.

Este caminar, tras la muerte de mi papá, ha tenido sus altibajos. En ocasiones, llegaron a mi mente pensamientos de cómo debí haber actuado mejor mientras mi papá estaba enfermo, o cosas que debí haber hecho diferente. Pero Dios me ha llevado a darme cuenta de que estos pensamientos no traen nada más que culpa y esconden un deseo de haber podido alargar los días de mi papá, cosa que jamás habría logrado, por más que hubiese hecho las cosas de otro modo. En esos momentos, Dios me ha recordado que, por más que tratara, no podía ser Dios en esta situación y en ninguna otra.

Varios años ya pasaron desde la partida de mi papá, y no puedo negar que sigo teniendo momentos en los que su partida duele más. Extraño su sabiduría en medio de decisiones que necesito tomar. Extraño su presencia en los momentos especiales de mi vida y los de mi familia, como el día en el que me casé.

En medio de la ausencia de mi papá, el Señor, en Su amor y con paciencia, me lleva a no quedarme solamente en el dolor de su ausencia, sino a estar agradecida por el tiempo que me permitió tenerlo y a recordar que un día nos volveremos a ver.

Apocalipsis 21:4 ha sido un pasaje muy cercano a mi corazón: «Él enjugará toda lágrima de sus ojos y ya no habrá muerte, ni habrá más duelo, ni clamor, ni dolor, porque las primeras cosas han pasado».

Jesús me ha sostenido en los días más oscuros y, por Su obra, sé que está garantizada esta promesa que da aliento a mi corazón. Él regresará, hará nuevas todas las cosas y mi papá y yo estaremos juntos por la eternidad adorando a nuestro Señor Jesús.

Un vistazo al corazón

1. Lee Job 23:8-10. ¿Cuál es el sentir del corazón de Job que percibes en este pasaje?

2. ¿Qué crees que nos enseña el pasaje anterior sobre no poner nuestra confianza en nuestros sentimientos?

3. ¿Por qué crees que nuestro deseo de control es una gran evidencia de nuestra falta de confianza en Dios?

4. ¿Qué crees que necesitamos para poder depositar nuestra confianza en el Señor? ¿Qué necesitas tú?

5
Gozo en
la espera

EL 22 DE NOVIEMBRE DE 1873, el escritor de himnos Horatio Spafford perdió a sus cuatro hijas en un barco que naufragó. Unas semanas después, Horatio estuvo navegando sobre el lugar del naufragio y una noche en la que no podía dormir, escribió este conocido himno:

Estoy bien

De paz inundada mi senda esté,
O cúbrala un mar de aflicción,
Cualquiera que sea mi suerte diré...

Estoy bien, tengo paz, ¡gloria a Dios!
Estoy bien, ¡gloria a Dios!
Tengo paz en mi ser, ¡gloria a Dios!

Oh, cuánto me gozo en Su salvación
Fue pleno Su amor y perdón
Clavó mi pecar en la cruz lo olvidó
Gloria a Dios que Su Hijo envió...

Estoy bien, ¡gloria a Dios!
Tengo paz en mi ser, ¡gloria a Dios!

Mi fe tornarase feliz realidad
Al irse la niebla veloz,
Desciende Jesús con Su gran majestad,
Aleluya estoy bien con mi Dios...
Estoy bien, gloria a Dios,
Tengo paz en mi ser, gloria a Dios.

Aun en medio del dolor, en medio de la aflicción que en ese momento rodeaba la vida de este hombre, su corazón pudo decir: «Oh, cuánto me gozo en Su salvación, fue pleno Su amor y perdón». Este verso del himno se hace eco de las palabras del salmista proclamada muchos años atrás: «Mi corazón se regocijará en Tu salvación» (Sal. 13:5).

¿Cómo puede ser que alguien en medio de semejante dolor pueda escribir palabras como estas? ¿Cómo en medio de la pérdida y los anhelos insatisfechos, nuestros corazones puedan proclamar que se gozan en Su salvación?

David y el autor de este himno habían entendido la realidad de que el gozo en sus vidas no dependía de situaciones externas. Por la misericordia de Dios, pudieron encontrar gozo en el Señor aun en medio del dolor.

El gozo: un llamado

La palabra *gozo* aparece en diferentes ocasiones en la Biblia, y un libro específico en el que encontramos diferentes apariciones de la misma es la carta a los filipenses:

Y también ustedes, les ruego, regocíjense de la misma manera, y compartan su gozo conmigo (Fil. 2:18).

Por lo demás, hermanos míos, regocíjense en el Señor... (3:1).

Regocíjense en el Señor siempre. Otra vez lo diré: ¡Regocíjense! (4:4)

Cada uno de estos versículos fue escrito mientras el apóstol Pablo estaba en prisión. El entendimiento de este hombre sobre el gozo era tal que les dice a los lectores de esta carta que aun si era ejecutado, tendría gozo y ellos también debían tenerlo (2:17-18).

En los diferentes versículos que acabamos de ver, la idea del gozo es comunicada como un imperativo, como algo que debo buscar, lo cual implica que sin lugar a dudas yo tengo que ver cuando hay ausencia de gozo en mi vida. Si la Biblia me llama a tenerlo, quiere decir que hay algo que yo puedo hacer.

Ahora, hay algo trascendental en el tema del gozo, y es que la Palabra nos deja ver que el gozo no tiene su fuente en las circunstancias, que son cambiantes, sino en el Dios que nunca cambia. Por eso, la Palabra misma nos llama a tener gozo, y ese gozo puede encontrarse aun en medio de las pruebas, como veremos más adelante.

El llamado al gozo es en el Señor. Con el tema del gozo, muchas veces nuestro problema es que confundimos gozo con placer y, por lo tanto, lo buscamos en aquello que es pasajero. Creemos que el gozo vendrá cuando nos sintamos bien, y por eso buscamos días de comodidad, pero la realidad es que el placer en sí mismo y en las cosas terrenales nunca ha sido fuente de gozo.

Creo que podemos ver nuestras vidas y estar de acuerdo con esto. Piénsalo de esta manera: eres mamá de niños pequeños y una de sus tías te ofreció que se llevaría a tus hijos de paseo toda la tarde. Planeaste qué harías todo ese tiempo; por fin tendrás un poco de tiempo para dormir, para leer o para ver un poco de televisión. ¡Tendrás algo de tiempo para ti! No puedes explicar cómo te sientes con la idea de esas horas de descanso, estás feliz aun antes de que llegue el momento.

Pero... media hora antes, te llama tu hermana y te dice que se le presentó algo y no va a poder llevarse a tus hijos hoy. Aunque sé lo frustrante que esto puede ser y lo necesario del tiempo de descanso, si tu gozo depende de que ese momento de placer llegue, una llamada tiene el poder de hacer que se esfume en un segundo.

Pero si la fuente de tu gozo es el Señor, aunque te entristezca la idea de no tener ese tiempo de descanso, puedes tener gozo porque el Señor es fiel; puedes tener gozo porque Él es quien renueva tus fuerzas; puedes tener gozo porque nada de esto se escapó de Su control y Su bondad.

Mi querida amiga, nuestro gozo está en Jesús cuando tenemos lo que anhelamos y cuando no lo tenemos también, porque Su amor y Sus promesas no son afectados por nuestras circunstancias. El gozo es esa actitud del corazón que descansa en el Señor y puede verlo en cada aspecto de su vida.

En medio de las pruebas

El reino de los cielos es el reino al revés. Un reino en el que los que lloran son bienaventurados, y donde el que quiera ser el primero debe ser el servidor de los demás. Un reino en el que los que son perseguidos por causa del evangelio son bienaventurados y uno en el que debemos tener gran gozo cuando nos encontremos en diversas pruebas:

> Tengan por sumo gozo, hermanos míos, cuando se hallen en diversas pruebas, sabiendo que la prueba de su fe produce paciencia, y que la paciencia tenga su perfecto resultado, para que sean perfectos y completos, sin que nada les falte (Sant. 1:2-4).

Santiago nos insta a tener gran gozo al enfrentar pruebas. Ahora bien, ¿está el apóstol siendo masoquista? En absoluto. Lo que Santiago nos está comunicando aquí no es una actitud de fatalidad ni de masoquismo. Fíjate que no nos está diciendo: «¡Gózate porque estás sufriendo!»; «¿Estás sintiendo dolor? ¡Qué bueno!». Lo que Santiago nos está comunicando es que la razón de ese gran gozo en medio de las pruebas es lo que estas producen en nosotras: «Sabiendo que la prueba de su fe produce paciencia, y que la paciencia tenga su perfecto resultado, para que sean perfectos y completos, sin que nada les falte» (vv. 3-4).

Las pruebas, la espera y las circunstancias difíciles producen paciencia, perseverancia en nuestras vidas. Las pruebas tienen un efecto purificador muy particular; prueban nuestra fe y nos conforman a la imagen de Cristo. El Señor trae bien a nuestras vidas aun en medio del dolor.

Pero poder tener esta perspectiva es necesario que, en esta ocasión, aprendamos el arte de mirar lo que habrá de ser, mirar hacia el futuro, no para preocuparnos por lo que va a pasar, sino por aquello que tenemos seguro allí.

El Espíritu mismo da testimonio a nuestro espíritu de que somos hijos de Dios. Y si somos hijos, somos también herederos; herederos de Dios y coherederos con Cristo, si en verdad padecemos con Él a fin de que también seamos glorificados con Él (Rom. 8:16-17).

Es difícil encontrar gozo cuando la vida duele: cuando la enfermedad persiste, cuando alguien a quien amo ha muerto, cuando mi vientre sigue vacío, cuando no sé cómo pagaré la renta o cuando mi esposo se ha ido del hogar.

Allí, en medio de las aflicciones, necesitamos recordar que Dios puso un límite de tiempo a nuestro dolor. Nuestro sufrimiento tiene fecha de expiración. Llegará un día en el que nuestro dolor no será más. Llegará un día en el que nuestro Rey regresará y restaurará. Puede que tus lágrimas sean tu alimento de día y de noche, pero llegará un día en el que Él mismo las secará. Puede que el dolor parezca inaguantable, pero llegará un día en el que no habrá mas. Puede que sientas que un pedazo de tu corazón se ha ido, pero llegará el día en el que Él mismo será nuestro todo en todo. Mientras ese día llega, podemos poner nuestros ojos y tener la certeza de lo que habrá de venir.

Pero encontrar gozo no requiere solamente que miremos hacia el futuro, requiere que miremos al pasado también y la obra de Jesús a nuestro favor. Aun si Dios no siguiera bendiciéndome, no me queda más opción que tener gozo en la gran obra que ha hecho a mi favor. En medio del dolor y de la espera, puedo encontrar gozo en la salvación que he recibido en Jesús.

¿Sabes algo? Lo peor que nos pudo haber pasado ya nos sucedió; estábamos apartadas de Dios, éramos Sus enemigas por nuestros pecados y ¿sabes algo más? ¡Lo mejor que nos pudo haber pasado ya nos pasó! Cristo Jesús: en Él fuimos reconciliadas con Dios, por Él y Su obra en la cruz, tú y yo podemos regocijarnos en nuestra salvación.

Aun en medio del dolor, en medio de la espera, podemos encontrar gran gozo en la obra de Cristo, podemos encontrar gran gozo en que fuimos salvadas de nuestro pecado y que nuestra salvación está segura en Él (Rom. 8:31-39).

Así que, en medio de nuestros anhelos insatisfechos, podemos mirar atrás y encontrar gozo en Su salvación y por esa misma obra podemos mirar hacia delante y saber que, un día, nuestro dolor no será más. Mientras lo hacemos, que nuestro corazón pueda cantar las palabras del profeta Habacuc:

Aunque la higuera no eche brotes,
Ni haya fruto en las viñas;
Aunque falte el producto del olivo,
Y los campos no produzcan alimento;
Aunque falten las ovejas del redil,
Y no haya vacas en los establos,
Con todo yo me alegraré en el Señor,
Me regocijaré en el Dios de mi salvación.
El Señor Dios es mi fortaleza;
Él ha hecho mis pies como los de las ciervas,
Y por las alturas me hace caminar... (Hab. 3:17-19)

Un ingrediente necesario

Como vimos en la sección anterior, la Biblia nos llama a tener gozo en medio de las pruebas por lo que estas producen en nosotras, y en ese mismo contexto de pruebas, Santiago continua y nos dice algo más: «Y si a alguno de ustedes le falta sabiduría, que se la pida a Dios, quien da a todos abundantemente y sin reproche, y le será dada. Pero que pida con fe, sin dudar» (Sant. 1:5-6). Pero ¿sabiduría en medio de las pruebas? Si me preguntaras qué hubiese puesto yo aquí, sería algo más como: «Y si te falta fortaleza, pídela a Dios. Y si te falta paciencia, pídela a Dios...». Y aunque todas estas cosas son necesarias en nuestras aflicciones, Santiago nos presenta la sabiduría como ese elemento que debemos buscar en nuestra aflicción, y nos permite gozarnos al encontrarnos en diferentes pruebas.

Ahora, vale la pena que veamos qué es la sabiduría para entender a qué se refiere Santiago. La sabiduría tiene que ver con obedecer las ordenanzas que claramente encontramos en las Escrituras, pero también implica tomar el camino correcto, la decisión correcta, cuando no hay leyes claras en la Palabra que me digan explícitamente qué hacer.

Podríamos decir entonces que sabiduría es ver el mundo y mis circunstancias como Dios las ve y actuar en base a ese conocimiento de manera oportuna. Al entender esa realidad, vale la pena que nos hagamos la pregunta de por qué necesitamos sabiduría en medio de nuestras pruebas. Hay tres razones que podría mencionar:

1. En medio de las aflicciones, no vemos las cosas como Dios las ve

Recuerdo la primera vez que tuvimos que hacerles algunas pruebas de laboratorio a nuestros hijos. Cuando íbamos a iniciar el proceso, tuvimos que sostener a uno de nuestros hijos porque, en medio de su desesperación, no dejaba de moverse. Él lloraba y no podía entender por qué yo lo agarraba, por qué yo, que era su mamá, no lo sacaba de esa situación. Yo le decía: «Mírame a mí», pero él no dejaba de mirar la aguja y, cuanto más la miraba, más se desesperaba. Su calma llegó cuando el proceso terminó.

Nosotras no somos muy distintas en medio de nuestras pruebas. Dios nos dice: «Mírame a mí», y nosotras no dejamos de ver nuestras circunstancias. Dios nos dice: «Mira lo grande que soy», y nosotras no dejamos de ver lo «imposible» de nuestra situación. Dios nos dice: «Aférrate a mis verdades», y nosotras no dejamos de escuchar esas voces contrarias a Dios que llegan en medio de la aflicción.

Si sabiduría es ver el mundo y mis circunstancias como Dios las ve y responder a ellas de manera oportuna, entonces debo ver mis pruebas con la perspectiva de Dios. ¿Y qué me dice Dios sobre ellas?

- Cooperan para bien para aquellos que aman a Dios (Rom. 8:28)
- No me podrán separar del amor de Cristo (Rom. 8:35)
- Me moldean y me van conformando a la imagen de Cristo (Sant. 1:2-4)
- No son eternas, y llegará el día en el que Dios restaurará todas las cosas (Apoc. 21:5)

- En medio de las pruebas, necesito sabiduría para poder ver mis diversas aflicciones de esta manera y entonces responder a ellas en base a estas verdades.

Cuando esto ocurre:

- Como sé y creo que ni mi mayor prueba me podrá separar del amor de Cristo, no pierdo la esperanza.

- Como sé y creo que las pruebas me moldean y me transforman a la imagen de Cristo, puedo tener gozo a pesar de mis circunstancias, porque el peso de gloria de la transformación que van produciendo es mucho mayor que el peso de mis aflicciones.

- Cómo sé y creo que mis pruebas no son eternas y que llegará el día en el que no habrá más dolor, puedo fijar mis ojos en lo que vendrá y encontrar aliento.

2. Las aflicciones son un terreno en el que somos propensas a tener más tentaciones

Fíjate, la Palabra nos enseña que Jesús fue tentado en todo, pero sin pecado. Los Evangelios relatan la escena de la tentación de Jesús y nos dejan ver que estuvo ayunando por cuarenta días y, después de Su ayuno, tuvo hambre. Ahí, en medio de Su debilidad física y necesidad, el tentador se hizo presente.

Y eso es lo mismo que él hace con nosotras hoy. En medio de nuestras circunstancias difíciles, en ese terreno de la aflicción en el que somos débiles, Satanás viene con ofertas ilegítimas y cuestiona la verdad de Dios. Puedo estar en un momento de aflicción, y Satanás me tienta con la idea de que debo actuar por mis propios medios, porque si no hago nada, seguiré en la misma condición.

En medio de nuestras circunstancias difíciles puede llegarnos la tentación de quejarnos contra Dios. Viene esa idea que me dice: «Pero, si Dios te ama, ¿por qué te tiene sufriendo?». «¿No eres acaso Su hija amada?». «¿No eres acaso Su especial tesoro?». Entonces, Satanás trae esta duda a mi mente, y cuando yo cedo a la tentación, termino quejándome y levantando un dedo acusador en contra de Dios. O quizás, en medio de la aflicción, me llega la idea de que Dios se ha olvidado de mí, que vuelto la cara manteniéndome en mis sufrimientos sin propósito alguno. En cada tentación, Satanás trae sus mentiras, y cuando cedemos a ellas, estamos dejando de lado las verdades de la Palabra. Por eso necesitamos sabiduría en medio de la aflicción.

Y esta misma realidad la hemos visto en el salmo 13, ¿recuerdas? En medio de su aflicción, el salmista tuvo la tentación de pensar que Dios se había olvidado de él, de que Dios había escondido Su rostro y lo iba a dejar para siempre en medio de su aflicción.

Pero su respuesta ante estas tentaciones es lo que tú y yo necesitamos hacer y lo que la sabiduría misma hace en nosotros. Recordemos una vez más el versículo 5: «Pero yo en Tu misericordia he confiado». A pesar de todo mi dolor, a pesar de mis circunstancias difíciles, a pesar de todas estas ideas que están en mi mente, ideas contrarias a Dios, ideas contrarias a Sus verdades, yo decido creer a Dios. Yo decido creer Su Palabra.

¿Y sabes qué? Decidir confiar y creer a Dios requiere que conozcamos aquello que Dios dice, porque si no es así, no tendremos un lugar del cual sostenernos cuando las mentiras lleguen. No tendremos la verdad que nos permita contrarrestar las mentiras de la tentación.

En la misma tentación de Jesús vemos que Su respuesta a cada tentación fue: «Escrito está». Cada dardo de la tentación Jesús lo contrarrestó con las verdades de la Palabra, y esa debería ser también nuestra respuesta en el poder del Espíritu.

3. Necesito sabiduría porque en medio de las pruebas tiendo a la incredulidad

En el punto pasado hablamos de nuestra necesidad de conocer la Palabra para poder enfrentar la tentación. Pero hay otro elemento que no debemos descuidar, y es nuestra necesidad de fe en medio de las pruebas.

Quizás nos encontremos en la aflicción, y cuando llega la tentación que me invita a dudar de la fidelidad de Dios, tal vez termine cediendo, no porque no sepa que Dios es fiel, sino porque no creo que sea lo suficientemente fiel como para sostenerme, porque no confío en lo que Él dice que es.

Al principio, decíamos que sabiduría es ver el mundo y mis circunstancias como Dios las ve, y luego actuar en base a ese conocimiento de manera oportuna, y hasta ahora, hemos visto la parte que tiene que ver con conocer la perspectiva de Dios. Pero responder a esa perspectiva de manera oportuna requiere que esa verdad que yo conozco se asiente en mi corazón y se traduzca en fe, y esa fe terminará moviéndome a la obediencia.

Lo que vemos a Satanás hacer desde el Jardín del Edén es poner en duda las palabras de Dios: «Con que Dios les ha dicho...». Y eso es lo que él hace con nosotras hoy. Ataca nuestra fe. Pone signos de preguntas donde Dios ya ha puesto un punto. Nos seduce para que cuestionemos a Dios.

Como ya mencioné, la estrategia de Jesús frente a los dardos de la tentación fue citar la Palabra misma. Y aunque genuinamente necesitamos conocerla, el conocimiento no es suficiente, porque Satanás conoce muy bien las Escrituras.

A veces pensamos que podemos enfrentar a Satanás y sus cuestionamientos como si fuera una lucha de contrincantes de esas que vemos en los dibujos animados: «De este lado, Satanás y del otro lado, estoy yo». Satanás me lanza una tentación y yo le respondo: «Yo tengo la respuesta para ti: ¡1 Juan 1:9!».

Luego, Satanás cuestiona a Dios y yo le digo: «¡Ah! Pero yo sé la historia de Job!».

Entonces, Satanás responde: «¡Oh, no! ¡No puedo contra esa respuesta!».

No se trata de tener mucho conocimiento, sino de creer genuinamente lo que conozco. No es solo que yo sepa que la Biblia dice que estar cerca de Dios es mi bien, sino que lo crea y responda ante esa verdad. No se trata solo de que yo sepa que Dios está obrando en medio de mi aflicción, sino de que le crea y encuentre gozo.

Charles Spurgeon decía: «Cuando no puedas ver la mano de Dios siempre puedes confiar en su corazón».[1] Mi querida amiga, en medio de las dificultades y de cada uno de nuestros anhelos insatisfechos, necesitamos la sabiduría que viene de lo alto y que nos permite ver las cosas como el Señor las ve; y entonces poder tener gozo en medio de las pruebas. Pero esa sabiduría no la vamos a obtener por nuestra propia cuenta. Necesitamos correr a Aquel que es la sabiduría personificada.

---

1. «Confía en el corazón de Dios». Biblia Work. https://www.biblia.work /articulos/confia-en-el-corazon-de-dios/

Jesús dijo a la gente de Su tiempo: «La Reina del Sur se levantará con esta generación en el juicio y la condenará, porque ella vino desde los confines de la tierra para oír la sabiduría de Salomón; y miren, algo más grande que Salomón está aquí» (Mat. 12:42). ¡Más grande que Salomón, en verdad! Salomón habló la sabiduría de Dios. Jesús *es* la sabiduría de Dios (1 Cor. 1:24, 30). Otros habían dicho la verdad; Él *es* la verdad. Otros habían señalado el camino a la vida; Él *es* el camino y la vida (Juan 14:6). Otros habían hecho promesas, pero todas las promesas de Dios encuentran su sí en Él (2 Cor. 1:20). Otros habían ofrecido el perdón de Dios; Jesús lo compró con Su muerte. Por lo tanto, en Él están «escondidos todos los tesoros de la sabiduría y el conocimiento» (Col. 2:3).

Conocer, amar y seguir a Jesús es tener la sabiduría que necesitamos para nuestras aflicciones y para toda nuestra vida. ¿Quieres adquirir sabiduría y gozo en medio de tus pruebas? ¡Corre a Jesús! En Él están escondidos todos los tesoros de la sabiduría disponibles para ti hoy.

La fuente

Como ya hemos visto, el gozo es algo a lo que somos llamadas; es algo que debemos ser intencionales en buscar, pero no nos equivoquemos: nosotras no somos la fuente del gozo, Jesús lo es.

Entonces llegaré al altar de Dios,
A Dios, mi supremo gozo;

Y al son de la lira te alabaré, oh Dios, Dios mío
(Sal. 43:4).

Hazme oír gozo y alegría,
Haz que se regocijen los huesos que has quebrantado
(Sal. 51:8).

Y el Dios de la esperanza los llene de todo gozo y paz en
el creer, para que abunden en esperanza por el poder del
Espíritu Santo (Rom. 15:13).

Pero el fruto del Espíritu es amor, gozo, paz, paciencia,
benignidad, bondad, fidelidad, mansedumbre, dominio
propio; contra tales cosas no hay ley (Gál. 5:22).

El Señor es la fuente del gozo en nuestras vidas. Aunque estoy
llamada a buscarlo con intencionalidad, es algo que no puedo producir por mí misma. La experiencia del gozo no es algo que está
bajo nuestro control. Dios nos llama a tenerlo y nos da el camino
al gozo, pero en última instancia, el gozo es fruto del Espíritu.

Ahora, Dios mismo, en Su gracia, nos ha provisto los medios
para responder al llamado que nos ha hecho. Para cultivar el gozo
en nuestras vidas, necesitaremos lo siguiente:

1. Una vida en Su Palabra

Me he gozado en el camino de Tus testimonios,
Más que en todas las riquezas.
Meditaré en Tus preceptos,
Y consideraré Tus caminos.
Me deleitaré en Tus estatutos,

Y no olvidaré Tu palabra (Sal. 119:14-16).

Si el gozo viene del Señor, sin duda alguna necesitamos de Su Palabra que informe nuestras mentes, llene nuestros corazones e impacte nuestras vidas en la medida en la que vamos conociendo y amando más a Jesús a través de ella.

2. Una vida de oración

Al SEÑOR he puesto continuamente delante de mí;
Porque está a mi diestra, permaneceré firme.
Por tanto, mi corazón se alegra y mi alma se regocija;
También mi carne morará segura (Sal. 16:8-9).

Un corazón en el cual el gozo sea producido vive consciente de la presencia del Señor en su vida y depende de Él en oración.

3. Una vida de obediencia

El que tiene Mis mandamientos y los guarda, ese es el que me ama; y el que me ama será amado por Mi Padre; y Yo lo amaré y me manifestaré a él (Juan 14:21).

«Esta manifestación de Cristo se hace solo a quien realmente lo ama, y la prueba de amor a Él no es por demostraciones emocionales, sino por la sumisión a Su voluntad. Hay una gran diferencia entre el sentimiento y la realidad práctica. El Señor no dará ninguna revelación directa y especial de sí mismo a aquellos que están en el camino de la desobediencia. "El que tiene mis mandamientos" significa que los tiene en el corazón. "Y los guarda", esa es la verdadera prueba. Oímos, pero ¿prestamos atención? Lo sabemos, pero ¿estamos haciendo Su voluntad?».[2] En la medida en la que le obedecemos, Jesús nos va revelando Su corazón, y qué mayor fuente de gozo en nuestras vidas que esta.

4. Una vida de relaciones con otros

Aunque tengo muchas cosas que escribirles , no quiero hacerlo con papel y tinta, sino que espero ir a verlos y hablar con ustedes cara a cara, para que su gozo sea completo (2 Jn. 1:12).

Una vida de comunidad es uno de los caminos hacia el gozo. Necesitamos cultivar relaciones en las que otros nos animen, nos levanten, y nos apunten a Jesús.

Recuerdo la escena de una serie de TV en la que un equipo de fútbol había perdido una competencia y todos los integrantes estaban tristes. Entonces, el entrenador se acerca a ellos y les pide que se miren unos a otros, «porque no hay nada peor que estar triste y estar solo. Pero podemos estar tristes y juntos». Dios nos creó para vivir en comunidad y llevar los unos las cargas de los otros.

Entonces, tener gozo implica ir una y otra vez a su fuente. Implica una vida llena de Dios, una vida que lo conozca y encuentre su seguridad en Él. Una vida de los unos con los otros. Una en la que el amor de Cristo reine y el fruto del Espíritu fluya produciendo así gozo en nuestros corazones.

---

2. Arthur W. Pink, *Exposition of the Gospel of John* (Nashville, TN: Zondervan, 1968), vol. 2, p. 378.

Ladrones de gozo

El gozo es un llamado, es en el Señor y es Él quien lo da. Pero en medio de la realidad de lo caído de este mundo y nuestro propio pecado, hay cosas en nuestra vida que pueden robarnos el gozo que estamos llamadas a tener. Uno de esos ladrones es la preocupación pecaminosa.

En Filipenses 4:6-7, después de que Pablo hace un llamado al gozo, nos dice: «Por nada estén afanosos; antes bien, en todo, mediante oración y súplica con acción de gracias, sean dadas a conocer sus peticiones delante de Dios. Y la paz de Dios, que sobrepasa todo entendimiento, guardará sus corazones y sus mentes en Cristo Jesús».

El afán nos roba el gozo porque quita nuestros ojos de Jesús y lo pone en nuestras circunstancias. Las preocupaciones tienen la tendencia de llenar nuestra mente de pensamientos cargados de aquello que pudiera pasar y que temo, en lugar de llevarnos a pensar en aquello que es verdadero.

Las preocupaciones nos llevan a buscar qué podemos hacer, sin darnos cuenta de nuestra necesidad de descansar en el Señor. Entonces, lo que Pablo nos deja ver aquí es que la contraparte de la preocupación es la oración. Para ir detrás del gozo y evitar que las preocupaciones se lo lleven, será necesario que aprendamos a llevar en oración aquello que nos preocupa.

Cada vez que llegue un pensamiento que nos preocupa o nos causa ansiedad, en lugar de darle rienda suelta, lo tomo y lo llevo en oración suplicando por eso que me preocupa y con una actitud de gratitud.

Por ejemplo, quizás tengo el anhelo insatisfecho de un esposo que deseo pero que no llega, y viene a mi mente la idea de que me quedaré sola por el resto de mi vida o de que no valgo la pena, y por eso nadie se interesa en mí. En lugar de darle rienda suelta a ese pensamiento, lo llevo delante del Señor. Podría lucir de esta manera: «Señor, tú conoces el anhelo de mi corazón y yo sé que eres poderoso para concederlo, pero también sé que eres sabio sin medida y que mi bien está delante de ti. Ayúdame a creer esta verdad, ayúdame a verme como tú me ves. Ayúdame a darme cuenta de que mi valor está en ti y no en una relación. Y te doy gracias porque me has llenado de bienes. Te doy gracias por los amigos que me has dado y por tu compañía».

Todo pensamiento que nos cargue y nos lleve al afán debe ser llevado delante del Señor, y Él mismo nos dice que aquello que guardará nuestras mentes y corazones será Su paz en Cristo Jesús. No una paz en que tendré lo que quiero. No una paz porque todo a mi alrededor estará bien, sino paz en Jesús, el único lugar seguro.

Ahora bien, no solo en la carta a los filipenses encontramos lo que estamos llamadas a hacer en medio de nuestras ansiedades. Hay un pasaje más que me gustaría que viéramos. En 1 Pedro 5:6-7, leemos: «Humíllense, pues, bajo la poderosa mano de Dios, para que Él los exalte a su debido tiempo, echando toda su ansiedad sobre Él, porque Él tiene cuidado de ustedes».

1. Lo primero que vemos aquí es el llamado a *humillarnos*
La ansiedad pecaminosa es una evidencia del orgullo de nuestro corazón, porque nos lleva a poner en duda el carácter del Señor y a cuestionar Sus palabras. Es un problema del orgullo de nuestro corazón, porque entiende que nuestra sabiduría es

mayor que la de Dios y que la mejor manera en que las cosas podrían suceder es la nuestra. Entonces la ansiedad viene porque no quiero que Dios haga algo distinto a lo que estoy esperando o a lo que deseo.

Quizás te encuentras llena de una ansiedad porque crees que Dios se ha equivocado al no darte ese trabajo. O en medio de la injusticia que estás viviendo, no crees que genuinamente todas las cosas cooperan para bien para los que lo aman y estás llena de una ansiedad que te consume. Entonces, al lidiar con la ansiedad de nuestro corazón, necesitamos humillarnos. En medio de nuestros sufrimientos y ansiedades, como hijas de Dios estamos llamadas a reconocer al Señor como Dios y a someternos a la manera sabia y llena de bondad en la que Él orquesta nuestras vidas. Reconocemos que Él sabe lo que es mejor, que Él es Dios y no nosotras.

Ahora, este pasaje de 1 Pedro nos dice que nos humillemos pero que lo hagamos bajo la poderosa mano de Dios. Esta imagen de la poderosa mano de Dios la encontramos también en el Antiguo Testamento, cuando Dios libera a Su pueblo de la esclavitud en Egipto:

> ¿O ha intentado dios alguno tomar para sí una nación de en medio de otra nación, con pruebas, con señales y maravillas, con guerra y mano fuerte y con brazo extendido y hechos aterradores, como el Señor tu Dios hizo por ti en Egipto delante de tus ojos? A ti te fue mostrado, para que supieras que el Señor, Él es Dios; ningún otro hay fuera de Él (Deut. 4:34-35).

La mano que con hechos poderosos libró a Su pueblo del faraón y de la esclavitud en Egipto es la misma bajo la cual estamos llamadas a humillarnos. Nos humillamos bajo la mano de Aquel que cumple Sus promesas, bajo la mano de Aquel que es poderoso para hacer todo cuanto quiera y para sostenernos. Pero esa mano es una mano de amor, es poderosa pero no nos aplastará, sino que cuidará de nosotras.

Sin embargo, Pedro no se queda ahí. Nos dice que nos humillemos para que Él nos exalte a Su debido tiempo. Aquellos que estamos en Cristo y experimentamos sufrimientos podemos estar confiados en que, ya sea después en esta vida o aun en nuestro último día, Dios nos exaltará a Su debido tiempo.

2. Echamos toda nuestra ansiedad sobre Él

Me encanta la imagen que transmiten estas palabras. Todas tus cargas, todas tus ansiedades ponlas sobre Él; Dios puede con ellas. El Señor puede llevar todas tus cargas; para Él no son pesadas. Tú y yo no podemos con ellas, pero Él sí puede.

Muchas veces, cuando estamos lidiando con ansiedad, nuestra tendencia es a lidiar nosotras mismas con ella, cargar con su peso. Sin embargo, somos llamadas a llevarlas a Él, y esta parte de llevarla vendrá como consecuencia de habernos humillado, porque ya habremos reconocido que Él sabe qué es mejor y puede con ella.

Lleva tus ansiedades en oración a Aquel que puede sostenerlas. Llévalas a Aquel que puede transformar tu visión y recordarte quién es ese con quien hablas. Echar nuestra ansiedad sobre Él no me garantiza que mis circunstancias cambiarán; es más, en ocasiones, podrían llegar a ponerse más difíciles. Lo que sí me garantiza es que yo sí cambiaré, y el peso de mis ansiedades no está más sobre mí.

3. Él tiene cuidado de nosotras

La razón por la que podemos humillarnos delante de Él, la razón por la que podemos llevar nuestras cargas para que Él las sostenga y encontrar paz es que Él tiene cuidado de nosotras. El Dios de los cielos, el Alto y Sublime, se acerca a nosotras y tiene cuidado de nuestras vidas.

Ese cuidado no implica que las cosas saldrán como queramos, o que no tendremos sufrimiento. Lo que sí implica es que en medio de cada una de nuestras dificultades, Él camina con nosotras y todo Su obrar es para nuestro bien y la gloria de Su nombre.

Ese cuidado implica que, en medio de las aflicciones, podemos estar confiadas porque Cristo venció y, como venció, las promesas de Dios son seguras y podemos tener la certeza de que los sufrimientos de este tiempo presente no son comparables con la gloria que ha de venir. Echa todas tus ansiedades delante de Él, porque Él tiene cuidado de ti.

Otro ladrón del gozo que podríamos mencionar somos nosotras mismas. Cada vez que en medio de nuestros anhelos insatisfechos nos ensimismamos en nosotras y nos convertimos en el centro de nuestros pensamientos, no hay manera en la que pueda haber gozo en nuestras vidas. Una actitud de víctima, un corazón que está siempre buscando su propio bien, será uno que jamás estará satisfecho, porque está buscando su gozo en el lugar incorrecto.

En un libro sobre el gozo que tuve la oportunidad de leer, el autor decía que había aprendido de alguien más lo que implica el verdadero significado del gozo en un acróstico con la palabra *gozo* en inglés, JOY:

> J: Jesus (Jesús)
> O: others (otros)
> Y: yourself (tú)

Tener gozo implica que nuestras prioridades estén en el lugar correcto. Si soy yo la que estoy en primer lugar eso quiere decir que he quitado a Jesús de ahí para ponerme a mí. Una vida de gozo implica que Jesús sea nuestra prioridad y nuestro foco, y que luego busquemos servir a los demás aun en medio de nuestras circunstancias difíciles.

Por el gozo delante de Él

Hebreos 12 nos llama a correr la carrera que tenemos por delante con paciencia, despojándonos de todo pecado y todo peso. Esto debemos hacerlo con los ojos puestos en Jesús, el Autor y Consumador de la fe (v. 2). La vida de Jesús fue la personificación de una completa y perfecta confianza en Dios. Él vivió perfectamente por fe y en total dependencia de Su Padre. Vivió y soportó la mayor aflicción con una fe perfecta, por lo cual está excepcionalmente cualificado para ser el Autor y Consumador de nuestra fe.

Después de este llamado, mira lo que dice: «Puestos los ojos en Jesús, el autor y consumador de la fe, quien por el gozo puesto delante de Él soportó la cruz, despreciando la vergüenza, y se ha sentado a la diestra del trono de Dios» (v. 2).

Hebreos nos dice que Jesús soportó la cruz por el gozo puesto delante de Él. Algunos piensan, equivocadamente, que porque Jesús era un hombre divino, Sus sufrimientos fueron de alguna manera menores para Él. Fíjate cómo el autor John Henry Newman explica esto:

> Y como los hombres son superiores a los animales y se sienten más afectados por el dolor que ellos, a causa de la mente que hay en ellos y que da sustancia al dolor [...] así, de la misma manera, nuestro Señor sintió el dolor del cuerpo con una conciencia —y por lo tanto con una agudeza e intensidad, y con una unidad de percepción— que ninguno de nosotros puede sondear o abarcar, porque Su alma estaba tan absolutamente en Su poder, tan simplemente libre de la influencia de las distracciones, tan plenamente dirigida al dolor, tan absolutamente rendida, tan simplemente sometida al sufrimiento. Y así se puede decir verdaderamente que sufrió toda Su pasión en cada momento de ella.[3]

Pídele al Señor que envuelva tu corazón con esta verdad: Su dolor en la cruz fue absoluto, y Su dolor espiritual aún mayor, porque Su alma pura, que jamás conoció pecado alguno, se hizo pecado por nosotras, provocando un dolor que hasta entonces había sido desconocido y que nosotras jamás podremos entender. Jesús soportó la cruz menospreciando Su vergüenza. Y todo esto por el gozo puesto delante de Él... ¿Cuál fue el gozo que Jesús tuvo

---

3. John Henry Cardinal Newman, *The Kingdom Within: Discourses to Mixed Congregations* (Denville, NJ: Dimension Books, 1984), pp. 328, 329.

delante que lo llevó a soportar el horror de la cruz y a despreciar la vergüenza? ¿Qué pudo haber sido tan significativo?

Bueno, hay algunos aspectos específicos de ese gozo que podríamos mencionar. Estaba el gozo de que Jesús volvería al Padre; regresaría al cielo. Estaba también el gozo de que sería coronado en honor y gloria, y que pondría todas las cosas bajo Sus pies (Sal. 2:6-8). Pero había un gozo más puesto delante de Él. Su obra perfecta en la cruz, Su sufrimiento inimaginable traería a muchos hijos a la gloria haciéndonos parte de Su gozo.

Jesús soportó la cruz porque el gozo de nuestra redención estaba puesto delante de Él. ¿Recuerdas el acróstico con la palabra JOY? Para nosotras, Jesús debe estar primero, debe ser nuestro enfoque. Para Jesús, nosotras estuvimos primero, el gozo de nuestra salvación lo llevó a soportar la cruz.

Y por lo que nuestro Señor hizo a nuestro favor, nosotras podemos fijar nuestros ojos en Él y servir a los demás en nuestro camino al gozo, tal y como Él mismo lo hizo.

Historias reales

Hasta donde puedo recordar, la relación de matrimonio entre mis padres nunca fue una muy saludable. Mi papá siempre fue una persona muy temperamental y con problemas de ira, y eso era algo que veía muy constantemente en su relación de matrimonio y en la manera en la que nos criaba.

Recuerdo que una vez, mis padres habían tenido una discusión y mi mamá lloraba mientras empacaba su ropa para irse de la casa; y yo, que era una niña que no entendía lo que estaba pasando, comencé a guardar nuevamente la ropa que ella estaba sacando y a pedirle que por favor no se fuera de la casa. El matrimonio de mis padres no perduró, y cuando yo estaba en mi preadolescencia, se divorciaron. Comenzar una nueva vida en otra casa y sin mis dos padres juntos fue difícil para mí y mis hermanos, aunque poco a poco nos fuimos acostumbrando a esta realidad, siempre con la idea de que, aunque vivíamos con nuestra mamá, nuestro papá iba a estar presente de alguna manera... pero eso solo ocurrió por poco tiempo.

Los años fueron pasando y mi papá se fue haciendo cada vez más distante, hasta el punto de que dejó de contribuir económicamente para el sostenimiento de nosotros, sus hijos. En ese momento yo no era cristiana, pero sí sabía que Dios existía y que lo que recibíamos venía de Su mano. A pesar de la ausencia de mi papá, pude ver cómo Dios nos sostenía como familia, y por más precaria que fuera la situación en algún momento, nunca nos faltó nada. Nuestro papá se desentendió de nosotros, pero tuvimos la enorme bendición de Dios de tener una mamá que se dio por nosotros de una manera abnegada.

El tiempo siguió pasando y, en mi adolescencia, el Señor me dio convicción de pecado y me llevó a entender que necesitaba salvación y que solo Jesús podía dármela. Cuando conocí al Señor, y en la medida en la que iba creciendo en Su Palabra, Dios puso en mi corazón el deseo de tratar de acercarme a mi papá, y así lo hice. Comencé a tratar de tener algún tipo de contacto con él escribiéndole, pero me daba cuenta de que yo era la única propiciándolo.

Anhelaba tener una relación cercana con mi papá, como la que veía que otros a mi alrededor tenían, y estaba dispuesta a perdonar toda la indiferencia e irresponsabilidad que tuvo hacia nosotros durante tantos años.

Yo seguía tratando de estar cerca y de mantener el camino abierto para una restauración en nuestra relación, pero me daba cuenta de que la única forma en la que él se acercaba a nosotros era si necesitaba nuestra ayuda financiera. En algunas ocasiones, cuando esto pasaba, yo trataba de buscar la manera de ayudarlo, porque eso era lo que entendía en ese momento que significaba honrarlo.

Cada acercamiento que él tenía hacia sus hijos estaba lleno de manipulación, y veíamos cómo solamente trataba de usarnos. Un día, tras buscar consejo, entendí que la relación que estaba tratando de llevar no era sana, y que continuar cediendo a sus manipulaciones no iba a ser bueno para él ni para nosotros.

Desde que conocí al Señor, Él fue obrando en mi corazón y fue sanando las heridas que esta relación había dejado. El Señor me fue llevando a crecer en Él y pude ver cómo iba limpiando y guardando mi corazón del enojo y el resentimiento hacia mi papá.

Al entender que no era sano continuar con una relación de esta manera, Dios me dio la fortaleza para confrontarlo por sus acciones y señalarle su necesidad de Jesús, y le dejé saber que cuando él quisiera restaurar genuinamente la relación y reconocer sus faltas, mi corazón estaría más que dispuesto a extenderle perdón y entrar en un camino de restauración.

A día de hoy esto no ha sucedido. Todavía no tenemos una relación con él porque no ha estado dispuesto; pero, a pesar de esta realidad, por la obra y el cuidado del Señor, mi corazón puede recitar la letra del himno: «Estoy bien, ¡tengo paz, gloria a Dios!».

A pesar de la carencia de un padre terrenal, el cuidado de mi Padre celestial jamás faltó. No puedo negar que crecer en una relación con un padre disfuncional al principio tuvo un impacto en la manera en que veía a Dios. Pensaba que Dios era alguien que hoy podía estar y mañana ya no, y mi acercamiento a la Palabra era completamente inconstante.

El Señor nos enseña en Salmos 27:10 que «aunque mi padre y mi madre me hayan abandonado, el Señor me recogerá». Esas palabras se hicieron una realidad en mi vida y pude ver al Señor supliendo mi necesidad. Él me llevó a entender lo glorioso del perdón que me ha sido otorgado en Cristo y que, así como he sido perdonada, soy también llamada a perdonar.

No llegué a tener esa relación que en mi juventud anhelaba, pero puedo decir que el cuidado de mi buen Señor jamás faltó y que, en Jesús, hoy mi corazón está satisfecho.

Un vistazo al corazón

1. Lee Santiago 1:2-4. ¿Por qué podemos decir que el sentir detrás de este llamado no es uno de masoquismo y fatalidad?

2. ¿Qué ideas o sentir ha hecho que en algún momento te haya costado encontrar gozo en las pruebas?

1. Lee Salmos 119:11-16. ¿De qué manera Su Palabra juega un papel trascendental en nuestra búsqueda del gozo?

1. ¿Cómo te estimula en tu búsqueda del gozo saber que Jesús puso delante de Él el gozo de vernos redimidas para soportar la cruz?

6

Gratitud en
la espera

EN UNO DE LOS EPISODIOS de la famosa comedia *Seinfeld*, George Constanza se encuentra con sus amigos Jerry y Elaine justo antes de ir a almorzar con Julie, una chica con la que estaba saliendo. Antes de ir, les pregunta a sus dos amigos si quieren almorzar con ellos, y Elaine le responde que no puede, pero le pide que le compre una «ensalada grande» y se la lleve luego.

George paga por todo el almuerzo, incluida la ensalada, pero Julie es la que recoge la ensalada y luego se la entrega a Elaine, la cual, cuando la recibe, le da las gracias a ella y no a George. Cuando George ve esto, se indigna porque no había sido Julie la que había pagado por la ensalada. George no podía creer que ella se adjudicara el mérito por la ensalada sin haber hecho ninguna referencia a que fue él quien la pagó.

Este capítulo puede darnos risa y hasta parecernos absurdo pero, si lo pensamos, podemos encontrar una similitud entre nosotras y George. Todas queremos reconocimiento por aquello que hemos hecho en favor de otros. Queremos que por lo menos se nos den las gracias por esa acción que hemos hecho. Pero la realidad es que, en la mayoría de los casos, nosotras mismas no tenemos corazones agradecidos, en ocasiones nos cuesta reconocer lo que hemos recibido de otros o peor aún, lo que ha venido de la mano de Dios para nuestras vidas. La ingratitud está muy arraigada en nuestros corazones. En Lucas 17, por ejemplo, encontramos la historia de los diez leprosos a quienes Jesús sanó y solo uno de ellos se volvió a darle las gracias. Creo que todas podemos leer esa historia y saber que los nueve leprosos actuaron mal, podemos hasta sentir indignación: ¡cómo es posible que Jesús los sanara y ni las gracias le dieran!

Pero hay algo que debemos tener en cuenta cuando leemos nuestras Biblias: nosotras nunca somos como el bueno; en las Escrituras, debemos identificarnos con aquel que actuó mal, porque ese es nuestro corazón. La misma tendencia a la ingratitud está en nosotras. Todas hemos sido bendecidas con mucho y, sin embargo, luchamos con el descontento, queremos lo que otro tiene por encima de lo que Dios nos ha dado y nos enfocamos en lo que no hemos recibido, olvidando todo lo que Dios ya nos ha dado.

En el salmo 13 encontramos a David tomando una dirección diferente: «Cantaré al SEÑOR, porque me ha llenado de bienes» (Sal. 13:6).

Después de que el salmista decide poner su confianza en el Señor, este hermoso salmo cierra con una expresión de adoración y gratitud, y esto es así porque un corazón que ha decidido confiar y descansar en el Señor es un manantial que está listo para que de él fluya gratitud.

Las circunstancias de David no habían cambiado. Él no estaba respondiendo en adoración y gratitud porque todo a su alrededor se había arreglado, porque sus anhelos habían sido satisfechos. Su exterior no cambió, pero su corazón sí, y ahora sus ojos podían ver todo aquello por lo que él podía estar agradecido. La gratitud reconoce lo que ha recibido del otro y eso es justamente lo que encontramos en el corazón del salmista: un reconocimiento de lo mucho que había recibido de su Señor.

Ahora bien, esta respuesta de David viene después de que él tomara la decisión de poner su confianza en el Señor, y es importante tomar esto en cuenta, porque si no confío en Dios, ¿cómo puedo agradecer lo que viene de Su mano?

La gratitud reconoce que lo que se ha recibido es bueno, y eso requiere que confiemos en Su carácter, porque es fácil desbordar de gratitud cuando esa prueba de embarazo sale positiva, cuando me dan el trabajo que he estado esperando, cuando por fin logro casarme; ¿pero qué pasa cuando nada de esto ocurre? ¿Cómo puedo estar agradecida cuando no recibo lo que anhelo, cuando mi situación parece estar peor? Esto solo es posible cuando reconozco que mi vida está en manos de un Dios bueno, sabio y soberano, que obra a nuestro favor aun cuando la vida duele.

Dios quiere nuestra gratitud

Hay pocas cosas que Dios menciona en Su Palabra con la frase «esta es la voluntad de Dios», y una de ellas es la gratitud:

> Den gracias en todo, porque esta es la voluntad de Dios para ustedes en Cristo Jesús (1 Tes. 5:18).

Corazones agradecidos es algo que Dios quiere; Él se ha encargado de dejar claro en Su Palabra que ser agradecidos en todo tiempo es algo a lo que Dios nos llama, porque es la reacción natural de un corazón que es consciente de por lo menos dos verdades:

1. Todo lo que tenemos nos ha sido dado

> Porque ¿quién te distingue? ¿Qué tienes que no recibiste? Y si lo recibiste, ¿por qué te jactas como si no lo hubieras recibido? (1 Cor. 4:7).

> Toda buena dádiva y todo don perfecto viene de lo alto, desciende del Padre de las luces, con el cual no hay cambio ni sombra de variación (Sant. 1:17).

No hay absolutamente nada que tengamos en esta vida ni en la venidera que no haya venido de la mano de nuestro buen Dios. La familia, la carrera, los recursos, las relaciones, el abrir nuestros ojos cada día, el hecho de que estemos respirando ahora mismo sin siquiera ser conscientes de que lo estamos haciendo, todo viene de Él. No nos hemos ganado nada, no tenemos mérito alguno por nada, y cuando no reconocemos esta verdad —y por lo tanto no somos agradecidas—, somos necias.

Hay algo más en este punto. Aun aquello que no nos ha sido dado es parte de las formas en las que Dios bendice nuestras vidas y nos guía a Sus buenos propósitos:

> Nunca olvidemos que algunas de las grandes misericordias de Dios son Sus rechazos a nuestras peticiones.[1]

---

1. Joiner Hanbury, Hanna. «*15 citas de Elisabeth Elliot que transforman mi punto de vista en tiempos de dificultad*». Coalición por el Evangelio, 24 de julio de 2015. https://www.coalicionporelevangelio.org/articulo/15-citas-de-elizabeth-elliot-que-transforman-mi-punto-de-vista-en-tiempos-de-dificultad/

Nosotras vemos una pequeña parte de la imagen, pero Dios ve el cuadro completo. Él mismo lo ha diseñado y, si creo que es sabio, bueno y soberano, puedo descansar en Él, en lo que nos da y lo que no nos da.

2. Somos indignas de todo lo que hemos recibido
Todo lo que tenemos, además de habernos sido dado, es pura gracia. No hay nada en nosotras que merezca Sus bondades. No hay virtud alguna que Dios pueda mirar en nuestras vidas y decir: «Ciertamente, eres digna de que te bendiga». Sus bendiciones son evidencias de Su carácter generoso que da porque quiere y porque ama.

No nos ha tratado según nuestros pecados,
Ni nos ha pagado conforme a nuestras iniquidades.
Porque como están de altos los cielos sobre la tierra,
Así es de grande Su misericordia para los que le temen
(Sal. 103:10-11).

No merecemos nada y, sin embargo, se nos ha dado todo:

El que no negó ni a Su propio Hijo, sino que lo entregó por todos nosotros, ¿cómo no nos dará también junto con Él todas las cosas? (Rom. 8:32)

En medio de nuestra indignidad, hemos recibido al único digno que se dio en nuestro lugar. Ese que entregó a Su propio Hijo nos sigue bendiciendo cada día. La respuesta natural que debe fluir de nuestro corazón ante este reconocimiento es la gratitud.

3. Es mucho y grande lo que hemos recibido

Un corazón agradecido puede mirar a su alrededor y darse cuenta de lo mucho con lo que ha sido bendecido. Desde nuestra concepción hasta este momento, tú mientras lees estas líneas y yo mientras las escribo, son demasiadas las formas en las que Dios ha bendecido nuestras vidas.

Quizás lees esto y piensas que no conozco la vida que te ha tocado o las circunstancias difíciles que has vivido, y es cierto, no te conozco, y puede que tu vida haya sido y esté siendo difícil, puede que estés viviendo circunstancias inimaginables, y de verdad lo siento. Pero ¿sabes qué? A pesar de todo eso y aun sin conocerte, puedo decirte con certeza que ha sido mucho y grande lo que has recibido. Si no pudieras ver ninguna bendición en tu vida, si piensas que Dios no te ha dado nada, mira a la cruz. La mayor bendición de todas la tenemos en la obra de Jesús a nuestro favor. El Justo que murió por el injusto. El perfecto que murió por el pecador.

Ahora, a pesar de lo dura que pueda ser nuestra vida, todas hemos recibido bendiciones diarias por las que podemos estar agradecidas; solo necesitamos ojos dispuestos a ver. Eso es justo algo que sucede en medio de nuestros anhelos insatisfechos. Se nos hace difícil ver lo mucho que hemos sido bendecidas porque nuestros ojos están puestos en aquello que nos falta. Elisabeth Elliot tiene una frase que creo que resume de manera excelente esta realidad:

Aceptamos y damos gracias a Dios por lo dado, no dejando que lo no dado lo eche a perder.[2]

---

2. Elisabeth Elliot, *Let Me Be a Woman* (Carol Stream, IL: Tyndale House Publishers, 1976), p. 42.

Cuando en nuestros corazones hay anhelos que Dios no ha concedido, tenemos la tendencia de poner nuestros ojos en aquello que nos falta en vez de apreciar todas las formas en las que Dios nos ha bendecido. Miramos nuestras vidas infelices porque no tenemos eso que anhelamos, y pasamos por alto todas las demás bondades con las que Dios nos ha bendecido... una vez más, la mayor de todas las bendiciones es nuestra salvación en Cristo.

Siempre y por todo

No hay duda de que Dios quiere nuestra gratitud, y no solo la quiere, sino que es lógico, es lo que debería fluir de nuestro corazón hacia Él. En Efesios 5:20, Pablo nos dice: «Den siempre gracias por todo, en el nombre de nuestro Señor Jesucristo, a Dios, el Padre». Veamos por partes el llamado que encontramos en este pasaje.

Lo primero que el apóstol Pablo nos está diciendo es que demos gracias siempre. La gratitud debe ser algo constante en nuestras vidas, una actitud del corazón. El corazón agradecido busca dar gracias siempre, pero fíjate que es una gratitud que se expresa no solo en algo que se siente. Por eso, el apóstol inicia con la palabra «den».

Esa gratitud que debe expresarse siempre es «por todo». ¿Cómo? Sí, por todo: por las bendiciones grandes y las cotidianas. Por lo material y lo espiritual. Por las relaciones y la provisión de Dios en el pasado y en nuestro presente.

Pero también debemos dar gracias cuando nos encontramos en medio de situaciones difíciles, cuando estamos enfrentando anhelos insatisfechos. Cuando Pablo escribió estas palabras, estaba encarcelado en Roma, y aun en sus prisiones, podía encontrar motivos para dar gracias, y uno de ellos era cómo sus cadenas habían servido para el bien del evangelio.

Ahora bien ¿quiere esto decir que debemos dar gracias por las cosas que están mal? ¿Por las consecuencias del pecado del otro en nuestras vidas? ¿Debemos dar gracias por los efectos generales del pecado que nos traen aflicción?

«Los creyentes no somos masoquistas ni insensibles. Pero los cristianos sí pueden, y deben, someterse humildemente a la soberana mano de Dios en medio de las aflicciones, reconociendo que todas las cosas obran para el bien de aquellos que le aman (Rom. 8:28). De esa manera no le damos gracias por aquello que Él abomina, como es el caso de una persona que ha pecado contra Dios y contra nosotros, pero podemos y debemos darle gracias por la obra que Él está haciendo en nosotros, en nuestro carácter, a través de esas aflicciones».[3]

Finalmente, Pablo señala la manera en la que debemos dar gracias: «En el nombre de nuestro Señor Jesucristo, a Dios, el Padre». Es en Jesús que las promesas de Dios son sí y amén. Fue Jesús quien compró para nosotras las bendiciones que Dios el Padre derrama sobre nuestras vidas. Es Jesús quien nos da el acceso al Padre y quien ha abierto el camino para nuestra salvación. Es solo a través de Él que tenemos lo que hemos recibido y que podemos acercarnos con confianza a nuestro Padre y darle las gracias, conscientes de que, si no fuera por Él, nada seríamos y nada tendríamos.

---

3. Sugel Michelén, «El cristiano lleno del Espíritu es agradecido». Coalición por el Evangelio, 28 de marzo de 2011. https://www.coalicionporelevangelio.org /entradas/sugel-michelen/el-cristiano-lleno-del-espiritu-es-agradecido/

Espinas de un corazón ingrato

Un corazón en el que la gratitud no fluye no es simplemente un terreno vacío, es una tierra fértil para espinos y cardos. Un corazón sin gratitud es propenso a la envidia y la queja. Veamos cada uno de estos por separado.

La envidia

Normalmente, vemos la envidia como querer algo que no tenemos y que vemos en otro. Pero la realidad es que la envidia es algo mucho más profundo que eso. Fíjate, querer algo que no tengo no está mal en sí; la mayoría de las cosas por las que oramos y le pedimos al Señor son cosas que evidentemente no tenemos, y Dios nos anima a pedirle. Nos llama a buscar, llamar, clamar por aquello que deseamos. Entonces, si no está mal desear algo que no tenemos, ¿qué hace que sea envidia?

La envidia viene de un corazón que no ha encontrado su descanso y satisfacción en Jesús. Viene de un corazón que no tiene contentamiento ni gratitud con aquello que Dios le ha dado. La envidia ve algo que el otro tiene, lo desea y no quisiera que el otro lo tuviera. Su deseo conlleva enojo y trae queja. Es un deseo que se enfoca en que el otro tiene algo y yo no. La envidia no sabe alegrarse con las bendiciones del otro y entiende que merece aquello que Dios no le ha dado. Muestra un descontento hacia Dios y Su voluntad porque entiende que Dios le debe algo. La envidia se enfoca en la otra persona, al querer la vida que el otro tiene. Está detrás de que Dios haga conmigo lo que está haciendo en el otro. La envidia movió a Caín a matar a su hermano (Gén. 4).

La envidia llevó a Saúl a querer matar a David (1 Sam. 19). Por envidia, los hermanos de José lo entregaron para que fuera vendido (Gén. 37:11). La envidia llevó a los fariseos y los principales sacerdotes a entregar a Jesús (Mar. 15:10). La envidia es letal, es dañina y atenta contra nuestro hermano. En medio de nuestros anhelos insatisfechos, podemos encontrarnos con la tentación de sentir envidia hacia nuestro hermano porque Dios le dio algo que nosotras queremos y no tenemos. La envidia hace lo contrario a lo que nos enseña Romanos 12:15 («Gócense con los que se gozan y lloren con los que lloran»). En lugar de gozarme con lo que el otro tiene, me enojo porque yo no lo tengo. En todos los sentidos, la envidia es falta de gratitud a Dios y falta de amor a nuestros hermanos.

La avaricia

En medio de una de las enseñanzas de Jesús, un hombre entre la multitud le dijo: «Maestro, dile a mi hermano que divida la herencia conmigo» (Luc. 12:13).

Cualquiera que oye una declaración como esta podría pensar que lo que está sucediendo aquí es un problema de injusticia entre la familia, pero nuestro maravilloso Jesús ve mucho más que aquello que está delante de los ojos. Él mira el corazón, y lo que encontró aquí fue un problema de avaricia:

«"¡Hombre!", le dijo Jesús, "¿Quién me ha puesto por juez o árbitro sobre ustedes?". También les dijo: "Estén atentos y cuídense de toda forma de avaricia; porque aun cuando alguien tenga abundancia, su vida no consiste en sus bienes"» (Luc. 12:14-15).

El último de los Diez Mandamientos nos habla justamente de la codicia, y nos deja ver de manera clara a qué se refiere: «No codiciarás la casa de tu prójimo. No codiciarás la mujer de tu prójimo, ni su siervo, ni su sierva, ni su buey, ni su asno, ni nada que sea de tu prójimo» (Ex. 20:17). La codicia o avaricia es un fuerte y obsesivo deseo por aquello que el otro tiene. Mientras que la envidia se centra en la persona, la codicia tiene su enfoque en eso que el otro posee. La avaricia quiere lo que el otro tiene y la envidia es enojo porque el otro lo tiene.

«La envidia impulsó a Caín a asesinar a su prójimo, su propio hermano (Gén. 4); la codicia impulsó a Acán a apoderarse de tesoros prohibidos, lo que provocó la muerte de muchos de sus vecinos (Jos. 7). La envidia impulsó a Saúl a seguir intentando asesinar a su vecino, David (1 Sam. 19); la codicia impulsó a David a robar la esposa de su prójimo y luego asesinarlo para encubrirlo (2 Sam. 11)».[4]

El gran problema detrás de la avaricia de nuestros corazones es que valoramos más lo que nuestro prójimo tiene que lo que nuestro prójimo es. La avaricia nos lleva a amar más las posesiones que a la persona, y la realidad es que cuando esto ocurre, usualmente terminamos teniendo una relación utilitaria con el otro: «Quiero lo que tienes; no a ti».

En medio de nuestros anhelos insatisfechos, la avaricia es una espina que se asoma en un corazón que no está dominado por la gratitud. Es muy fácil ver cómo otros sí tienen lo que yo deseo

---

4. Jon Bloom, *Love What Others Have*. Desiring God, 8 de mayo de 2021. https://www.desiringgod.org/articles/love-what-others-have

y comenzar a codiciarlo. Es muy fácil encontrarnos creando un mundo en nuestras mentes en el que tenemos eso que el otro tiene.

Pero en el pasaje que traje al principio, Jesús nos advierte que nuestra vida es mucho más que las posesiones, es mucho más que aquello que tenemos o no tenemos en esta tierra. La avaricia pone en evidencia aquello que nuestro corazón valora, eso que vemos como lo más importante.

La Biblia nos llama de una manera clara a cuidarnos de un corazón codicioso porque, al final, lo que encontraremos detrás es pura idolatría:

> Por tanto, consideren los miembros de su cuerpo terrenal como muertos a la fornicación, la impureza, las pasiones, los malos deseos y la avaricia, que es idolatría (Col. 3:5).

La avaricia evidencia que pensamos que eso que deseamos tan fuertemente es exactamente lo que necesitamos para estar completas o ser felices, y entonces nos mantiene con los ojos puesto en lo terrenal, idolatrando las cosas de este mundo, pensando que de este lado del sol encontraremos nuestra satisfacción. Cada vez que codiciamos lo que el otro tiene, hacemos la errónea suposición de que eso que él o ella tiene y que yo quiero es lo que ha hecho a esa persona feliz y, por tanto, hará lo mismo conmigo.

Codiciar algo que otro tiene siempre es una función de una expectativa incorrecta. Se apoya en la idea de que merecemos lo que los demás tienen, se alimenta de la comparación, esa vieja ladrona del gozo, lo cual explica por qué una persona codiciosa lleva una existencia miserable de insatisfacción y desprecio. Comparamos nuestra situación con la de alguien más y permitimos que nuestra expectativa se forme en consecuencia. La brecha entre nuestra expectativa y la realidad es donde prospera el descontento y la codicia. Siempre que nuestras expectativas excedan nuestra realidad actual, seremos particularmente propensos a quebrantar el décimo mandamiento.[5]

La queja

Otra de las espinas de la falta de gratitud es la queja. Cuando pensamos en la queja bíblicamente es muy probable que nuestras mentes se vayan al pueblo de Israel en el desierto.

La Palabra nos deja ver que el pueblo fue pronto a olvidar las bondades de Dios y las manifestaciones de Su poder de las que ellos mismos fueron testigos. Habían olvidado que Dios los había librado de la esclavitud y era quien proveía para sus necesidades:

> Entonces toda la congregación levantó la voz y clamó, y el pueblo lloró aquella noche. Todos los israelitas murmuraron contra Moisés y Aarón, y toda la congregación les dijo: «¡Ojalá hubiéramos muerto en la tierra de Egipto! ¡Ojalá hubiéramos muerto en este desierto! ¿Por qué nos trae el SEÑOR a esta tierra para caer a espada? Nuestras mujeres y nuestros hijos van a caer cautivos. ¿No sería mejor que nos volviéramos a Egipto?». Y se decían unos a otros: «Nombremos un jefe y volvamos a Egipto» (Núm. 14:1-4).

---

5. Jen Wilkin, *Diez palabras que dan vida* (Nashville, TN: B&H Español, 2021), p. 135.

La queja es descontento audible. Es lo que sale de nuestros labios cuando no tenemos algo que deseamos y nuestros corazones están inquietos.

Muchas veces, el objeto de nuestro deseo no es algo malo en sí mismo. Los israelitas deseaban comida y agua (Ex. 15:24) y también querían seguridad (Núm. 14:1-3) y ninguna de estas cosas son malas en sí mismas. El problema es que su deseo por estas buenas cosas se convirtió en un mal deseo. Ellos deseaban estas cosas a su manera y su tiempo, y no a la manera de Dios. El pueblo deseaba estas cosas más de lo que deseaba a Dios mismo.

La queja puede ser otra tendencia de nuestro corazón en medio de nuestros anhelos insatisfechos. Deseamos algo que en sí mismo no es malo, pero cuando no lo recibimos, entendemos que Dios es injusto al no darnos eso que deseamos, entonces el descontento y la ingratitud van creciendo en nuestros corazones y toman voces a través de la queja.

«"Injusto", dice una voz dentro de nosotras. "Eso no está bien", dice otra. Los deseos se convierten en expectativas; las expectativas se convierten en derechos. Y en lugar de traer nuestra decepción a Dios y permitir que Sus palabras nos tranquilicen, dejamos que el deseo insatisfecho se convierta en descontento. Nos quejamos».[6]

La queja nos lleva a poner los ojos en las circunstancias y sacar a Dios de la ecuación. Algo que ocurre con este pecado es que nos gusta porque nos da cierto «poder» (irreal) de que estamos haciendo o lograremos algo con expresar nuestra queja.

---

6. Scott Hubbard, «*Do Everything Without Grumbling*». Desiring God, mayo de 2019. https://www.desiringgod.org/articles/do-everything-without-grumbling

Pero recordemos esto: Toda queja es una queja contra Dios. Pensamos que nos estamos quejando de tal persona o tal situación y por eso no lo vemos tan mal, pero ¿no crees acaso que Dios orquesta cada situación de nuestra vida? ¿No crees que Dios tiene el poder para cambiar esa situación? ¿No crees que Dios maneja el universo y nuestras vidas de la mejor forma posible? Si eso es así, nuestras quejas son contra Él.

Ahora bien, vale la pena tener en cuenta que hay situaciones que requieren que hablemos con otras personas con el propósito de buscar una solución. Quizás estás en una situación de peligro físico o emocional, y esto no debe quedar en silencio; es necesario hablar al respecto y, al hacerlo, no estamos deshonrando al Señor. Pero para mantener las cosas en su contexto, este no es el tipo de situación al que nos estamos refiriendo.

La queja fluirá fácilmente de un corazón con ingratitud, y esto es contrario al llamado de la Palabra de hacerlo todo sin queja ni murmuración (Fil. 2:14).

Cultivar la gratitud

Este tema de la gratitud es de suma importancia porque no apunta solamente a que aprendamos a decir «gracias», sino que nos habla de la condición de nuestro corazón. La gratitud puede ser un muy buen termómetro que nos ayude a ver cómo estamos espiritualmente.

Que seamos agradecidas siempre y en toda circunstancia es la voluntad de Dios para nuestras vidas y, por lo tanto, nos hará bien. Al entender esta realidad y la importancia de la gratitud, permíteme compartirte algunas formas en las que podemos cultivar un corazón agradecido:

1. Pide por gratitud

Para todo en nuestras vidas, necesitamos el obrar del Espíritu de Dios en nosotras. No hay manera de que en nuestras capacidades podamos producir una transformación de nuestro corazón, pero Dios sí puede hacerlo.

Si te has dado cuenta de que la ingratitud ha inundado tu corazón, te animo a que vayas a Jesús en arrepentimiento. Él recibe a todo aquel que se acerca con un corazón humilde que reconoce su condición y conoce al Dios al que se acerca. En Jesús, encontrarás perdón.

Pero no lo dejes ahí. ¡Pide! ¡Clama! ¡Ruega por un corazón agradecido! Pídele al Señor que abra tus ojos para que puedas ver Sus bondades, que te permita ver la indignidad de tu corazón y te ayude a recordar que tanto lo que recibes como lo que no son evidencias de Su gracia para contigo. Pídele al Señor que te dé un corazón agradecido siempre y en toda circunstancia.

2. Confiesa tu orgullo y cultiva la humildad

La falta de gratitud en nuestras vidas es una manifestación del orgullo de nuestro corazón. Es el orgullo que dice: «No hay Dios»; es el orgullo que nos lleva a pensar que somos dignas o que Dios nos debe algo. Es el orgullo que nos mueve a creer erróneamente que sabemos más y mejor que Dios cómo debería ser gobernada nuestra vida y todo nuestro alrededor.

Pero un corazón del que fluya gratitud sabe que su vida está a merced de la gracia de Dios y que no hay mejor lugar en el que pudiera estar. Sabe que no merece nada y, a pesar de eso, es mucho lo que ha recibido. Es un corazón que con humildad se somete bajo la poderosa mano del Señor y sabe esperar en Él.

Cultivar un corazón agradecido requiere que podamos confesar en arrepentimiento nuestro orgullo delante de Dios, ese orgullo que piensa que sabe más que Dios y que no aprecia Su gracia.

El antídoto para el orgullo de nuestro corazón es una vida de humildad que descansa en Jesús, quien personifica esta virtud por completo. Él dijo: «Tomen Mi yugo sobre ustedes y aprendan de Mí, que Yo soy manso y humilde de corazón, y HALLARÁN DESCANSO PARA SUS ALMAS. Porque Mi yugo es fácil y Mi carga ligera» (Mat. 11:29-30).

Apuntar a un corazón humilde requiere que nos reconozcamos continuamente como grandes pecadoras con necesidad de un gran Salvador, y que mantengamos nuestros ojos fijos en la cruz y no en nosotras mismas (Heb. 12:1-2). Cuando esto ocurre, nuestros corazones se convierten en fuentes de las que fluye gratitud.

3. Abre los ojos

Hay un refrán que dice que no hay más ciego que aquel que no quiere ver, y podríamos decir que no hay más ingrato que aquel que no quiere ver todas las formas en las que ha sido bendecido.

Tener un corazón de gratitud requiere que seamos intencionales en ver las formas en las que Dios nos ha bendecido y quitemos los ojos de aquello que no nos ha dado. Que aprendamos a contar nuestras bendiciones.

Si ahora mismo te encuentras luchando con un corazón ingrato, te animo a que cada día busques por lo menos una cosa en tu vida por la que puedas dar gracias a Dios: familia, amigos, provisión, iglesia, enseñanza... Piensa en algo cada día por lo cual puedas darle gracias a Dios.

4. Cambia la perspectiva

Además de abrir nuestros ojos, necesitamos también cambiar la manera en la que estamos viendo nuestras vidas y aquellas bendiciones encubiertas que a veces vemos como problemas.

Hace un tiempo, hablé con una mujer que me dijo cómo el caos en su casa muchas veces la llenaba de frustración: biberones sucios, ropa sin lavar, platos de la noche anterior... creo que es un sentimiento con el que todas podríamos identificarnos.

Sin embargo, le pregunté: «¿Qué tal si vemos las bendiciones detrás de todo eso? ¿Si en vez de ver el problema de todos los biberones sucios, ves que Dios te bendijo con un bebé al cual das vida cada vez que decides morir a ti misma? ¿Qué tal si en lugar de ver los platos sucios como un caos los ves como un recordatorio de que hay provisión de alimento en tu hogar? ¿Qué pasa si la ropa sucia es un recordatorio de que no estás sola, de que tienes una familia?».

Donde no hay bueyes, el pesebre está limpio, pero mucho rendimiento se obtiene por la fuerza del buey (Prov. 14:4).

Seamos intencionales en cambiar la perspectiva y aprendamos a ver las bendiciones detrás del caos.

5. Expresa tu gratitud

Den gracias al SEÑOR con la lira; cántenle alabanzas con el arpa de diez cuerdas (Sal. 33:2).

Den gracias al SEÑOR, invoquen Su nombre; den a conocer Sus obras entre los pueblos (Sal. 105:1).

Den gracias al SEÑOR por Su misericordia y por Sus maravillas para con los hijos de los hombres (Sal. 107:8).

La Biblia nos llama a expresar nuestra gratitud, no a sentirla solamente, porque la gratitud va más allá de nuestro sentir. Nuestros sentimientos son cambiantes, y un día puedo despertar sintiéndome como la persona más agradecida del mundo y al otro día no sentirme igual.

Pero, ¿sabes qué? Puedo dar gracias aunque no lo sienta, porque sé que Dios es digno de mi gratitud. Puedo dar gracias aunque mis sentimientos me quieran mover en otra dirección porque la verdad sigue siendo verdad, porque Él sigue siendo bueno, porque genuinamente nos ha bendecido. ¡Abramos nuestros labios y demos gracias al Señor y a otros!

6. Recuerda la cruz

En nuestras vidas tenemos muchas razones por las cuales estar agradecidas, pero la realidad es que hay momentos en los que genuinamente la neblina del dolor no nos permite verlas. En esos momentos, podemos aferrarnos a la cruz, el lugar donde encontramos nuestro respiro de esperanza.

Por la obra de Jesús podemos tener la certeza de que, un día, nuestro dolor terminará; un día, Él lo hará todo nuevo; un día, estaremos con Él por siempre y nuestros labios nos unirán en gratitud al cántico de los veinticuatro ancianos:

Y los veinticuatro ancianos que estaban sentados delante de Dios en sus tronos, se postraron sobre sus rostros y adoraron a Dios, diciendo: «Te damos gracias, oh Señor Dios Todopoderoso, el que eres y el que eras, porque has tomado Tu gran poder y has comenzado a reinar» (Apoc. 11:16-17).

En medio de nuestros anhelos insatisfechos, miremos a Aquel que voluntariamente se entregó y nos amó hasta el fin. Es solo con los ojos puestos en Jesús, y en el poder de Su fuerza, que podremos cultivar corazones agradecidos.

Historias reales

Tenía dieciséis años cuando me enteré de que mi bisabuelo había fallecido. Fue una noticia muy dura para mí, porque era alguien muy cercano a mi vida. Recuerdo cómo, mientras estábamos en el cementerio, me di cuenta de que todo lo que disfrutaba de él no estaría más aquí, de que había perdido para siempre a alguien a quien amaba.

A pesar de esa muerte tan dolorosa, mi vida siguió adelante. Terminé mis estudios escolares y el Señor me proveyó la oportunidad de irme al extranjero a hacer mi licenciatura, y luego abrió las puertas para que pudiera quedarme y hacer mi maestría allí también.

Durante ocho años viví fuera de mi país, y ya me sentía tan acostumbrada al lugar en el que estaba que tenía el deseo de quedarme ahí. Solicité un trabajo en el lugar donde había tenido la oportunidad de hacer una pasantía y la persona encargada de mi solicitud me dijo que se ocuparía de hacer el proceso migratorio para que pudiera quedarme por más tiempo y trabajar ahí.

Justo un mes antes de la fecha en la que debía regresar a mi país (si mi situación migratoria no se solucionaba), me enteré de que la persona que me iba a ayudar me estaba engañando, y que sus planes eran que entrara a trabajar en la empresa de manera ilegal.

Enterarme de esto me llenó de tristeza y decepción, porque sabía que esto representaría tener que regresar a mi país y dejar atrás los amigos y la iglesia que durante ese tiempo se habían convertido en una familia para mí. Aunque en ese momento no entendía y no podía ver lo que Dios estaba haciendo, definitivamente Él tenía otros planes para mí.

Cuando regresé a mi país, me di cuenta de que la salud de mi abuela, quien tenía el mal de Alzheimer, estaba muy deteriorada, lo que me llevó a tomar la decisión de irme a vivir con mis abuelos. Dios me permitió servirla durante un tiempo, pero en noviembre de 2015, mi abuela falleció. Su muerte fue dolorosa, pero de alguna manera el Señor ya había estado preparando mi corazón para este día.

Dos personas que amaba habían muerto, pero el día más doloroso de mi vida llegó el 30 de marzo de 2016, cuando mi papá falleció de una manera inesperada. La pérdida de mi papá me llevó a un desierto espiritual. Comencé a dudar de la bondad del Señor y no podía entender por qué Dios no me dio la oportunidad de darle un último abrazo, de despedirme de él.

El dolor por la pérdida de mi papá y aquellas cosas que no podía entender de Dios o de lo que Él estaba haciendo me llevaron a experimentar profundos sentimientos de abandono y soledad. Tras experimentar pérdidas y decepciones, llegué a pensar que ya era suficiente, que después de todo esto, los anhelos más grandes de mi corazón iban a ser concedidos, porque ya había cumplido mi cuota de sufrimiento. Pero las cosas no funcionan así. Uno de mis deseos siempre fue casarme y poder tener una familia. Casi todas las mujeres, desde temprano, planean el día de su boda y en qué momento quisieran casarse, pero la realidad es que, en mi vida, muchas cosas que eran importantes para mí no salieron como las había planeado, incluida la búsqueda de un esposo.

Los años siguieron pasando y, aunque continúo con el anhelo de casarme, esto todavía no ha ocurrido. Yo sé que Dios tiene el control de absolutamente todo en nuestras vidas y que sus planes son siempre mejores que los míos, pero poder aceptar Su voluntad no siempre ha sido fácil, sobre todo en esos momentos cuando Su voluntad ha sido tan distinta a aquello que mi corazón anhelaba.

En medio de tantos períodos de prueba y de dolor, mi debilidad se hizo evidente. Fueron muchos los años en los que experimenté un dolor que me arropaba por completo, pero aun allí pude ver la fidelidad del Dios que nunca falla.

Pude ver a un Dios que fue sanando mi quebrantado corazón y quien se convirtió en mi verdadera esperanza. Su Palabra fue mi sustento y un bálsamo para mi vida:

Hubiera yo desmayado, si no hubiera creído que había de ver la bondad del SEÑOR en la tierra de los vivientes. Espera al SEÑOR; esfuérzate y aliéntese tu corazón. Sí, espera al SEÑOR (Sal. 27:13-14).

Las verdades de este salmo cobraron vida para mí, y Dios me llevó a esperar en Él. En toda esta temporada, el Señor me mostró que todos Sus planes son hechos con bondad y que Él quiere el bien para Sus hijos, pero que esta verdad no significa que no sufriremos. El dolor es real y el mismo Jesús nos dijo que íbamos a sufrir, pero también nos dijo que confiáramos, porque Él había vencido.

El dolor continúa llamando a mi puerta, y todavía me enfrento a temporadas difíciles por las situaciones arduas vividas y los anhelos de mi corazón que todavía no han sido cumplidos y que no sé si lo serán, por lo menos de la manera en la que yo deseo. Pero aun allí he podido ver a ese Jesús que venció a la muerte consolando mi corazón y sosteniéndome en mi debilidad.

Cada situación difícil y de dolor que he experimentado a lo largo de mi vida ha servido para llevarme a perseverar en Él y a poder ver con los ojos de la fe que Jesús es todo lo que necesito para vivir en plenitud, y que puedo contentarme en Él cualquiera sea mi situación.

Un vistazo al corazón

1. ¿Qué relación crees que hay entre la gratitud y la confianza?

2. Lee Salmos 103:10-11. ¿De qué manera las hermosas verdades en estos versículos son un estímulo a la gratitud en nuestras vidas?

3. Muchas veces dejamos que aquello que no hemos recibido nos impida ver lo mucho con lo que hemos sido bendecidas. ¿Crees que esto ha estado ocurriendo en tu vida? ¿Cómo?

4. ¿Por qué crees que la envidia y la queja son manifestaciones de un corazón ingrato? ¿Cómo las has visto manifestarse en tu vida?

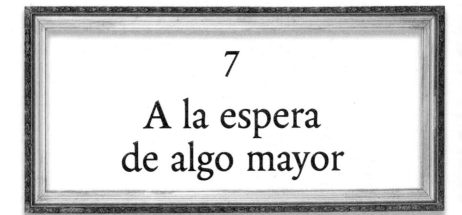

7

A la espera
de algo mayor

PROBABLEMENTE, NO PASA UN DÍA sin que usemos o pensemos en la palabra *espero*:

> *Espero que podamos llegar a tiempo.*
> *Espero que esta noche no llueva.*
> *Espero que esta dieta sí funcione.*
> *Espero poder dormir bien hoy.*
> *Espero que mi hijo me haya obedecido.*
> *Espero que él no esté enojado.*
> *Espero que el resultado no sea cáncer.*
> *Espero que él me ame.*

Desde las cosas más pequeñas y cotidianas, nuestras vidas están moldeadas, motivadas, dirigidas o frustradas por la esperanza. Todas nosotras anclamos esa esperanza en algo o en alguien.

La esperanza nos mueve y la falta de esperanza nos paraliza.

La esperanza está compuesta por tres elementos:

- Un deseo
- Un objeto
- Una expectativa

El *deseo* es, como la misma palabra nos deja ver, algo que queremos que suceda. Puede ser el deseo de ser amada, de ser comprendida, de experimentar placer, de tener el control o de sentir compañía. El *objeto* es aquello sobre lo cual depositamos esa esperanza. Es ese algo o alguien que espero satisfaga mi deseo. Y la *expectativa* es qué espero que suceda, cómo y en qué momento.

Todos los días, desde las cosas más pequeñas hasta las más grandes, estamos depositando nuestra esperanza en algo o alguien. La esperanza es un tema central en nuestras vivas.

La Palabra misma tiene la esperanza dentro de lo que se conoce como la tríada paulina de la fe, al presentar tres virtudes juntas en diferentes pasajes:

... teniendo presente sin cesar delante de nuestro Dios y Padre su obra de fe , su trabajo de amor y la firmeza de su esperanza en nuestro Señor Jesucristo (1 Tes. 1:3).

Pero puesto que nosotros somos del día, seamos sobrios, habiéndonos puesto la coraza de la fe y del amor, y por casco la esperanza de la salvación (1 Tes. 5:8).

Y ahora permanecen la fe, la esperanza, el amor: estos tres; pero el mayor de ellos es el amor (1 Cor. 13:13).

Aun nuestros anhelos insatisfechos están puestos sobre una esperanza, y esa esperanza determinará la dirección en la cual nos moveremos, el lugar hacia el cual estará inclinado nuestro corazón. Porque la esperanza nos mueve.

Hay otro salmo de David que quisiera que exploráramos sobre este tema, el salmo 62:

En Dios solamente espera en silencio mi alma; de Él viene mi salvación. Solo Él es mi roca y mi salvación, mi baluarte, nunca seré sacudido. ¿Hasta cuándo atacarán a un hombre, todos ustedes, para derribarlo, como pared inclinada, como cerca que se tambalea? Ellos solamente consultan para derribarlo de su eminencia; en la falsedad se deleitan; bendicen con la boca, pero por dentro maldicen.

Alma mía, espera en silencio solamente en Dios, pues de Él viene mi esperanza. Solo Él es mi roca y mi salvación, mi refugio, nunca seré sacudido. En Dios descansan mi salvación y mi gloria; la roca de mi fortaleza, mi refugio, está en Dios. Confíen en Él en todo tiempo, oh pueblo; derramen su corazón delante de Él; Dios es nuestro refugio.

Los hombres de baja condición solo son vanidad, y los de alto rango son mentira; en la balanza suben, todos juntos pesan menos que un soplo. No confíen ustedes en la opresión, ni en el robo pongan su esperanza; si las riquezas aumentan, no pongan el corazón en ellas. Una vez ha hablado Dios; dos veces he oído esto: Que de Dios es el poder; y Tuya es, oh Señor, la misericordia, pues Tú pagas al hombre conforme a sus obras.

Cuando David escribió este salmo se encontraba en medio de situaciones difíciles. Estaba rodeado de enemigos, y los versículos 3 y 4 nos dicen que estos enemigos lo trataban como una pared inclinada que se tambalea, y ellos hacían todo lo posible por derribarlo. Enemigos que se deleitaban en la falsedad pero que daban apariencia de piedad.

Pero aun en medio de todo esto, en este salmo vemos dónde David decide poner su esperanza. David le habla a su alma y le dice que espere en silencio solamente en Dios, pues de Él viene su esperanza.

Una esperanza que desilusiona

Como mencioné anteriormente, toda esperanza tiene un objeto, algo o alguien en lo que decido depositarla. La verdad es que, en sentido general, hay solo dos lugares en los que podemos depositar nuestra esperanza:

1. Ponemos nuestra esperanza en lo horizontal, en lo creado

Nuestros corazones tienen la tendencia de buscar esperanza en relaciones, en cosas o en personas:

Cuando me case, seré verdaderamente feliz.
Cuando logre tener hijos, estaré completa.
Si logro conseguir ese trabajo, todo estaría en orden.
Cuando vea que los resultados salen bien, podré estar tranquila.
Si mi situación económica cambiara, estaría segura.

Recuerdo que cuando mi esposo y yo estábamos en nuestro proceso de infertilidad y buscábamos opciones, apareció la oportunidad de una operación que, según nos dijeron, podía solucionar lo que estaba causando que no pudiéramos tener hijos biológicos. Yo estaba muy contenta con esta oportunidad, y no te voy a negar que sentí una especie de alivio en mi corazón. Pero no me había dado cuenta de que había depositado mi esperanza ahí.

Por la gracia de Dios, cuando le compartimos esta noticia a nuestro pastor, él se alegró con nosotros, pero luego me dijo sabiamente: «Me alegro mucho por ustedes, pero cuídate de poner tu esperanza en esa operación». Sus palabras me llevaron a ver que sí estaba poniendo mi esperanza allí, y fueron una voz de alerta para mi corazón que me llevó a arrepentirme y a mirar al lugar correcto.

El problema de poner nuestra esperanza en lo horizontal es que esta esperanza termina decepcionándonos porque nunca es suficiente, siempre se tambalea y no da lo que promete. Y la Biblia nos llama a tener cuidado con este tipo de esperanza, diciéndonos que si nuestra esperanza nos desilusiona es porque descansa en el objeto equivocado.

El mismo salmo nos dice que ni la pobreza ni el rango son algo (v. 9). Que, aunque aumenten las riquezas, no pongamos nuestro corazón en ellas (v. 10). Todos, con lo que somos o tenemos, pesamos menos que un soplo (v. 9).

Y no pienses que porque ahora mismo todo en tu vida está bien no tienes la tentación de poner tu esperanza en el lugar incorrecto. Recuerda que aun en las cosas pequeñas, en la cotidianidad, estamos poniendo nuestra esperanza en algún lado.

¿Qué pasa cuando no se hace lo que deseas? ¿Cuando las cosas cotidianas no salen como las planeaste? ¿Cuando las cosas no se dan a tu ritmo? Aun en lo cotidiano, en las cosas sencillas del día a día, mostramos dónde está depositada nuestra esperanza, dónde creemos que encontraremos nuestra plenitud y satisfacción.

Las personas o nuestras circunstancias jamás serán un lugar seguro para poner nuestra esperanza, porque terminarán desilusionándonos. Y creo que todas lo hemos visto en nuestras vidas: aunque lleguemos a tener aquello que anhelamos, nunca es suficiente, y todo lo que somos o tenemos es vapor que ahora está y mañana quién sabe.

Una esperanza segura

Nuestro corazón tiene la tendencia de poner su esperanza en lo horizontal, en lo creado. Pero ese no es el único lugar en que podemos ponerla. Hay otro lugar seguro al que estamos llamadas a mirar y que debe ser el objeto de nuestra esperanza, y es lo vertical. Podemos y debemos poner nuestra esperanza en Dios y en Sus promesas.

En el salmo 62, David nos deja ver que la fuente de la esperanza real y segura es el Señor: «Alma mía, espera en silencio solamente en Dios, pues de Él viene mi esperanza» (v. 5). Solo el Señor es fuente segura de nuestra esperanza. ¿Por qué? Si somos sinceras, a veces nos resulta más lógico poner nuestra esperanza en que un resultado salga bien, porque nadie quiere una enfermedad peligrosa con la cual lidiar. O nos resulta lógico esperar en un futuro esposo. Pero David nos deja ver por qué solo en el Señor espera su alma:

1. Solo el Señor es roca, roca de fortaleza (vv. 2, 6, 7)
Solo el Señor es firme, solo Él es lugar fuerte sobre el cual poner nuestros pies. Todo lo demás es arena, es frágil, se desmorona, hoy es y mañana no es más.

Solo el Señor es esa roca inamovible. Las circunstancias no pueden moverlo, no pueden cambiarlo. Todo alrededor puede desmoronarse pero el Señor, nuestra Roca, no lo hará. Si eso es verdad para quién Él es, entonces es verdad para cada una de Sus promesas:

- No hay nada que me pueda separar de Él (Rom. 8:38-39).
- En Él, tenemos consuelo en medio del dolor (2 Cor. 1:4).
- Él no echa fuera a ninguno que se acerque a Él (Juan 6:37).
- Aunque este mundo pase, aquellos que hacen Su voluntad permanecen para siempre (1 Jn. 2:17).
- Nuestro dolor un día va a terminar y Él hará nuevas todas las cosas (Apoc. 21:4-5).

Todas Sus promesas son firmes, seguras e inamovibles, porque vienen del Señor que es nuestra Roca.

2. David también nos deja ver que Él es refugio (vv. 3, 6, 7, 8)

No sé a ti, pero a mí me sirven mucho las imágenes. Permíteme ilustrártelo de esta forma.

Imagínate que estás escalando una montaña (ya sé; puede que estés pensando que lo más que puedes escalar es para subirte a tu cama), digamos, el Himalaya.

Estás en estas enormes paredes rocosas, y ves venir una tormenta. Va a ser una tormenta enorme y te sientes increíblemente vulnerable en esos precipicios montañosos. Y entonces, buscas desesperadamente un pequeño refugio en la roca donde la tormenta no te vuele en pedazos. Entras ahí. Todo lo que puedes ver es una tormenta azotando a tu alrededor, y puedes sentir los vientos y aun el frío, pero estás ahí dentro, segura. Ahí sabes que la tormenta no te va a destruir, porque estás en un refugio.

El Señor es nuestro refugio. Es nuestro lugar seguro. Poner nuestra esperanza en Él implica que, aunque los vientos azoten, Él es nuestra seguridad.

3. David también muestra que en el Señor descansa su salvación y su gloria (vv. 1, 6)

Algo que vemos en dos ocasiones en este salmo es que David expresa que en Dios espera en silencio su alma... *en silencio.* Es como si Él le estuviera diciendo a su alma: «No busques defenderte, no quieras controlar, no te andes quejando. Pon tu esperanza en el Señor».

Y esto es algo a lo que nuestros corazones tienden. A lo que mi corazón tiende. En medio de la aflicción, lo menos que estamos es en silencio, o quietas. Estamos buscando cómo lograr que ocurra lo que esperamos, tratando de controlar a otros o nuestras circunstancias, quejándonos de lo que Dios ha permitido en nuestras vidas o buscando que se nos haga justicia.

David espera en silencio en el Señor porque sabe que su salvación no va a venir de él mismo. Él no puede salvarse, no tiene lo que se necesita. Su salvación viene de otro mucho mayor que Él. Viene de otro en el que él puede esperar, en el que puede encontrar refugio. Viene de Aquel que es su Roca inamovible.

Solo de Él viene nuestra salvación. El salmo 46 nos recuerda: «Estén quietos, y sepan que Yo soy Dios» (v. 10). ¿El llamado? Tranquilízate, espera en silencio. ¿Por qué? Él es Dios. Nadie hay mayor que Él, nadie más poderoso, más sabio, más justo, más misericordioso y lleno de gracia que Él. Solamente el Señor es el lugar seguro para poner nuestra esperanza, porque todo lo demás es inestable, todo lo demás terminará desilusionándonos.

La realidad es que vivir de esta manera requiere fe. Fe para creerle a Él y no a mis sentimientos. Fe para creer que Él es mucho más grande que mis circunstancias. Fe para recordar que Él gobierna, y para tener la certeza de que me ama y que todo, absolutamente todo lo que ocurre en mi vida, pasa por el perfecto amor de Jesús. Un amor que esperó en silencio y por el gozo puesto delante de Él soporto la aflicción.

Un amor que sufrió la persecución y la traición aun de Sus amigos.

Un amor que no retuvo su propia vida sino que la entregó hasta el fin.

Un amor que lo llevó a cargar mi culpa y mi maldad.

Ese Jesús nos encuentra en medio de nuestros miedos, nuestras dudas e inseguridades, en medio de cada uno de nuestros anhelos insatisfechos. Nos persigue mientras deambulamos. Nos perdona cuando pecamos. Nos da poder cuando somos débiles y nos restaura cuando hemos sido infieles y hemos puesto nuestra esperanza fuera de Él. Jesús nos encontró para darnos salvación y nos sigue encontrando una y otra vez hasta que Él regrese.

Solo Jesús es el lugar seguro para depositar nuestra esperanza.

Todo nuevo

El dolor nos hace sensibles y conscientes a la realidad de la temporalidad de la vida. La misma Palabra nos deja ver que nuestras vidas son como un soplo, como vapor que hoy es y mañana desaparece (Sant. 4:14).

El libro de Génesis, en el capítulo 5, tiene una genealogía que impacta mucho mi corazón. Es una larga genealogía, pero permíteme presentarte solo unos versículos:

Y los días de Adán después de haber engendrado a Set fueron 800 años, y tuvo otros hijos e hijas. El total de los días que Adán vivió fue de 930 años, y murió. Set vivió 105 años, y fue padre de Enós. Y vivió Set 807 años después de haber engendrado a Enós, y tuvo otros hijos e hijas. El total de los días de Set fue de 912 años, y murió (vv. 4-6).

Los treintaiún versículos de toda esta genealogía nos van presentando, desde Adán, el nombre de cada persona, su descendencia, los años que vivió y luego nos chocan con la realidad que nos espera a todos: «y murió...».

Por causa del pecado, la muerte entró al mundo desde Adán y hasta nuestros días. El pecado entró al mundo y a nuestras vidas y trajo dolor y muerte. Impregnó toda esta vida con el hedor de su presencia.

Bendito sea el Señor porque la genealogía de Génesis 5 no es el final de la historia. Aquel prometido desde el principio vino y destruyó la muerte, y llegará el día en que esta no será más:

Porque es necesario que esto corruptible se vista de incorrupción, y esto mortal se vista de inmortalidad. Pero cuando esto corruptible se haya vestido de incorrupción, y esto mortal se haya vestido de inmortalidad, entonces se cumplirá la palabra que está escrita: «Devorada ha sido la muerte en victoria. ¿Dónde está, oh muerte, tu victoria? ¿Dónde, oh sepulcro, tu aguijón?». El aguijón de la muerte es el pecado, y el poder del pecado es la ley; pero a Dios gracias, que nos da la victoria por medio de nuestro Señor Jesucristo (1 Cor. 15:53-57).

Esta vida no es toda nuestra historia, y para los que estamos en Cristo, la muerte tampoco es el final. Hay una realidad futura a la que podemos aferrarnos en medio del dolor de nuestros anhelos insatisfechos. En Jesús tenemos la esperanza de algo mayor, mejor y seguro. Una esperanza que nos ha sido reservada en los cielos, una que no se corromperá ni se marchitará.

Mi querida amiga, en medio de lo que estés viviendo hoy, quiero recordarte que este día llegará:

> Entonces vi un cielo nuevo y una tierra nueva, porque el primer cielo y la primera tierra pasaron, y el mar ya no existe. Y vi la ciudad santa, la nueva Jerusalén, que descendía del cielo, de Dios, preparada como una novia ataviada para su esposo. Entonces oí una gran voz que decía desde el trono: «El tabernáculo de Dios está entre los hombres, y Él habitará entre ellos y ellos serán Su pueblo, y Dios mismo estará entre ellos. Él enjugará toda lágrima de sus ojos, y ya no habrá muerte, ni habrá más duelo, ni clamor, ni dolor, porque las primeras cosas han pasado».
>
> El que está sentado en el trono dijo: «Yo hago nuevas todas las cosas». Y añadió: «Escribe, porque estas palabras son fieles y verdaderas» (Apoc. 21:1-5).

En Jesús tenemos la esperanza de que Él hará todo nuevo en diferentes aspectos:

1. En el ámbito espiritual y moral

Llegará el día en el que Dios pondrá en nosotras Su gloria, nos purificará y nuestro brillo será como el de una piedra preciosa.

No habrá más vergüenza, nada que queramos esconder, porque el pecado no será más.

2. En el ámbito físico

Apocalipsis nos dice que no habrá más lágrimas ni más dolor, ni más muerte, lo que implica que este cuerpo en el que sí tenemos todo eso será cambiado por un cuerpo glorificado. Nuestros cuerpos no quedarán para siempre en la condición en la que están hoy. No habrá más discapacidades, más deformidades ni deterioro. Nuestros cuerpos serán hechos nuevos.

3. En el ámbito de la creación

Dios hará nueva toda Su creación. «La creación misma será también liberada de la esclavitud de la corrupción a la libertad de la gloria de los hijos de Dios» (Rom. 8:21). Su pueblo glorioso vivirá en una magnífica creación que no tendrá los efectos del pecado. La creación dejará de gemir.

4. En el ámbito de una nueva relación con Dios

Ciertamente, hoy estamos con el Señor, porque Su presencia está con nosotras todos los días hasta el fin del mundo y Su Espíritu vive en nosotras. Pero, fíjate en lo que nos dice 2 Corintios 5:6-7: «Por tanto, animados siempre y sabiendo que mientras habitamos en el cuerpo, estamos ausentes del Señor. (Porque por fe andamos, no por vista)».

«De modo que hay una sensación profunda y dolorosa en la que estamos "lejos del Señor": no vemos como algún día veremos. "Bienaventurados los de limpio corazón", dijo Jesús, "porque ellos verán a Dios" [Mat. 5:8]. Es una promesa. Algo más grande viene para todos nosotros en nuestra relación con Dios. ¿Cuántas veces un niño pequeño dirá lo que todos sentimos: "Pero papi, no puedo verlo"? Ese es un verdadero grito del corazón que nunca debemos perder. Apocalipsis 22:4 da la respuesta: "Ellos verán Su rostro y Su nombre estará en sus frentes"».[1]

Mientras esperamos

Qué gloriosa esperanza tenemos en Jesús y cuán glorioso futuro nos espera en Él. En medio de nuestros anhelos insatisfechos, podemos anclar nuestros corazones en la verdad de que Jesús volverá y lo hará todo nuevo. Algo mejor nos espera.

Pero, mientras esperamos en esta tierra que todavía gime y en este cuerpo que todavía peca, y es afligido por el pecado, que cada flor que se marchite, cada cosa que salga mal, cada frustración, dolor, pecado, cada anhelo insatisfecho se convierta en un recordatorio de que esta vida no lo es todo, y nos lleve a poner nuestros ojos en la eternidad mientras esperamos en Jesús, Aquel que un día volverá y hará nuevas todas las cosas.

En medio de nuestros anhelos insatisfechos, es mi oración que el Señor nos ayude a mantener nuestros ojos fijos en Él y que, más que cualquier otra cosa, anhelemos más y más de Jesús, en quien tenemos una esperanza que no se marchitará, una esperanza que está viva porque nuestro glorioso Jesús se levantó de entre los muertos.

Mientras esperamos Su regreso, que nuestros corazones sean llenos de toda Su plenitud para que podamos estar satisfechas en Jesús aun en medio de nuestros anhelos insatisfechos.

---

1. John Piper, *«Behold, I Make All Things New»*. Desiring God, 26 de abril de 1992. https://www.desiringgod.org/messages/behold-i-make-all-things-new

Un vistazo al corazón

1. ¿Por qué crees que la esperanza es tan crucial en nuestras vidas?

2. Uno de los lugares en los que podemos vernos tentadas a poner nuestra esperanza es en lo horizontal. ¿En qué lugares incorrectos te has encontrado poniendo tu esperanza?

3. El salmo 62 nos enseña que Dios es Roca, es refugio y salvación. ¿De qué maneras y en cuáles circunstancias has visto a Dios manifestarse en tu vida de esta manera?

4. Escribe una oración en la que le pidas al Señor que te ayude a poner tu esperanza solo en Él.

Epílogo

Unas palabras para acompañar al que espera

La Biblia nos llama gozarnos con los que se gozan y a llorar con los que lloran, a tener el mismo sentir unos con otros (Rom. 12:15). Pero la realidad es que se nos hace mucho más fácil entrar al gozo del otro que compartir su sufrimiento. El gozo y la risa nos hacen sentir bien, pero el dolor que otro puede estar experimentando muchas veces nos incomoda.

Cuando estamos en medio del sufrimiento de otro, sobre todo si es alguien que amamos, podemos encontrarnos con el deseo de servirlo, ya sea con nuestras palabras o acciones, pero muchas veces no sabemos cómo hacerlo o pensamos que sí sabemos y terminamos siendo insensibles o imprudentes frente al dolor del otro. Nos cuesta mucho sentir como el otro siente cuando está sufriendo, porque no es algo que nos esté pasando directamente, y muchas veces vivimos tan centradas en nosotras que nos cuesta sentir el dolor del que sufre.

Una de las cosas tan maravillosas que vemos en nuestro Señor Jesús es que Él no ignoraba el dolor. Jesús se detuvo frente a la necesidad, se acercaba al que sufría. Como ya vimos, Jesús lloró por el dolor de Sus amigos frente a la muerte de Lázaro, aun sabiendo que lo levantaría de entre los muertos.

Nuestro llamado como creyentes es a servir y animar a aquellos que sufren. Somos llamadas a sentir como el otro siente y a aprender a llorar con los que lloran. Teniendo esto presente, quisiera compartirte algunas cosas que necesitamos tener presentes a la hora de acompañar a otros en medio del dolor por sus anhelos insatisfechos.

1. Ora

Una de las mejores cosas que podemos hacer por aquellos que están sufriendo y experimentando el dolor de anhelos insatisfechos es orar.

Con toda oración y súplica oren en todo tiempo en el Espíritu, y así, velen con toda perseverancia y súplica por todos los santos (Ef. 6:18).

Ellos, a su vez, mediante la oración a favor de ustedes, también les demuestran su anhelo debido a la sobreabundante gracia de Dios en ustedes (2 Cor. 9:14).

Dios quiere que oremos unos por otros. Nuestra oración por los que sufren es un reconocimiento de que aquello que quisiéramos ver que ocurra en la vida del otro puede ser únicamente producido por el Señor. La fortaleza, el consuelo, la paz, la fe, la confianza que aquel que sufre necesita pueden venir únicamente de nuestro Señor Jesús. Por eso clamamos a Él.

Mientras oras, déjale saber al que sufre que estás orando por él, por ejemplo, con un mensaje sencillo donde puedas decirle: «Hoy estoy orando por ti». Es de mucho consuelo para el alma que sufre saber que otros están intercediendo a su favor, porque quizás esa persona, en medio de su dolor, no sabe cómo hacerlo.

2. Hazte presente

Dios nos creó para vivir en comunidad, y vivir de esa manera requiere que podamos estar físicamente presentes, sobre todo en los momentos más difíciles de la vida.

Cuando tres amigos de Job, Elifaz, el temanita , Bildad, el suhita y Zofar, el naamatita, oyeron de todo este mal que había venido sobre él, vinieron cada uno de su lugar, pues se habían puesto de acuerdo para ir juntos a condolerse de él y a consolarlo (Job 2:11).

A veces, nos limitamos a visitar o acompañar a nuestro ser querido que sufre porque no sabemos qué decir, y tenemos la idea incorrecta de que estar presentes implica tener un discurso que dar.

Pero la realidad es que aun estar en silencio es compañía para el otro, y es lo que más puede estar necesitando en un momento determinado. Quizás, quien está sufriendo lo único que necesita es no sentirse físicamente solo. Muéstrate dispuesta a estar presente y servir con tu compañía.

Estar rodeadas de personas que nos aman y se preocupan por nosotras puede ser reconfortante. Sin embargo, nuestras visitas deben realizarse sin expectativas, y tenemos que ser flexibles. Puede haber ocasiones en las que nuestra presencia física no sea de ayuda. Si es así, debemos estar preparadas para irnos y volver a intentarlo en otro momento.

3. Sé paciente

Ciertamente, necesitamos estar presentes en medio del dolor de aquellos que amamos, pero también debemos aprender a respetar el espacio del otro. Puede haber momentos en los que la persona necesite estar sola o únicamente con familia cercana, y eso está bien. No te ofendas si el que está sufriendo te pide si pueden dejar la visita para otro día. Recuerda que no se trata de ti, sino de la mejor manera en la que puedes servir. Las temporadas de espera y de dolor tienen días más difíciles que otros. Considera esa realidad y busca servir con paciencia.

4. Aprende a escuchar
El silencio puede resultar incómodo, por eso intentamos llenarlo y acabamos usando algún cliché que suena bien pero que acaba añadiendo más heridas al corazón ya traspasado. No necesitamos hablar todo el tiempo. Hay momentos en los que la persona que está sufriendo solo necesita un par de oídos dispuestos a escuchar.

Ten la disposición de escuchar y dale espacio para procesar sus emociones y experiencias. Cuídate de buscar inmediatamente dar un consejo o emitir un juicio de lo que la persona te expresa. Escucha, abraza, llora con ella, exprésale cuánto sientes lo que está viviendo.

5. Ofrece ayudas específicas
Cuando alguien a nuestro alrededor está sufriendo, es muy fácil suponer que ya hay otro cuidando de sus necesidades, pero podría sorprenderte que muchas veces esto no es así.

> Si un hermano o una hermana no tienen ropa y carecen del sustento diario, y uno de ustedes les dice: «Vayan en paz, caliéntense y sáciense», pero no les dan lo necesario para su cuerpo, ¿de qué sirve? (Sant. 2:15-16)

La Biblia nos llama a ocuparnos de las necesidades físicas de otros. Para nuestros amigos que sufren, las tareas cotidianas pueden parecer monumentales. Sin embargo, a menudo no saben lo que necesitan o incluso lo que podría ser útil. Cuando ofrecemos formas específicas en las que podemos ayudar, los servimos de múltiples maneras.

A menudo, lo que necesitan es tan simple como pasear a su perro, dejarles comida o cuidar a sus hijos durante unas horas. Llevarles certificados de regalo para servicios de entrega de alimentos o comidas preparadas también es una excelente ayuda. Piensa en alguna manera práctica en la que puedas ser de ayuda. Sin duda, esto implicará sacrificio de nuestra parte, pero cuando lo hacemos, estamos muriendo a nosotras mismas para servir a los demás, siguiendo así el ejemplo de nuestro Señor Jesús.

6. Evita las explicaciones

Mi querida amiga, no juguemos a ser dios en la vida de otros. Necesitamos evitar a toda costa decirle al otro las razones por las que pensamos que está sufriendo. ¡La realidad es que no sabemos! No sabemos por qué Dios decide llevarse un hijo, por qué una enfermedad no sana. No sabemos por qué un vientre sigue vacío o por qué un hijo pródigo no regresa a casa.

Podemos hacer más daño del que imaginamos y tampoco estamos llamadas a hacerlo. En lugar de tratar de dar una explicación sobre por qué un anhelo no ha sido satisfecho, lleva a quien sufre a poner sus ojos en Cristo y su esperanza en la realidad de que, aunque muchas cosas permanezcan inciertas para nosotras, Jesús es nuestro lugar seguro y en Él podemos estar confiadas.

7. No invalides el dolor

«No llores tanto». «No es tan grave lo que pasó». «Te pudo haber pasado algo peor». «Ya ha pasado suficiente tiempo, deberías estar bien». Se nos hace muy fácil emitir juicios hacia los demás porque todos tenemos una idea de cómo deben ser las cosas, inclusive cómo el otro debería sufrir.

Cuando ha pasado cierto período de tiempo, podemos llegar a pensar que quien está sufriendo ya debió haber seguido adelante dejando de lado el dolor, pero esto no siempre ocurre cuando nosotras entendemos que debe suceder. Necesitamos aprender a permanecer a largo plazo. A veces, puede parecer que nuestro ser querido está bien y luego algo desencadena el dolor y el sufrimiento nuevamente. Necesitamos recordar la gran paciencia y tolerancia que Dios tiene para con nosotras y brindar lo mismo a nuestros amigos.

Los aniversarios de una pérdida o tragedia en la vida de alguien son importantes, y recordar esos momentos para orar por esa persona o enviar alguna palabra de consuelo puede ser de aliento para el corazón herido.

Debemos ser conscientes de que es posible que las heridas no se estén viendo por fuera, aunque continúen supurando por dentro. Incluso después de que haya pasado el tiempo, esas heridas pueden haberse vuelto un poco más pequeñas, pero siguen ahí y todavía duelen.

Mi querida amiga, Jesús, siendo el Dios del universo, el que conoce el final desde el principio y en cuyas manos están nuestras vidas, jamás menospreció el dolor de aquellos que sufrían, sino que los encontró en su lugar de necesidad y lo sigue haciendo hoy contigo y conmigo.

Dejemos de lado nuestro orgullo de pensar que sabemos qué es mejor hasta del sufrimiento del otro y aprendamos a dolernos y a ser pacientes con los procesos que está viviendo aquel que sufre.

8. Ama en vez de juzgar

La persona que está experimentando dolor en ocasiones tomará decisiones que a nosotras, que no estamos sufriendo de esa manera, nos pueden parecer ilógicas. En otras ocasiones, incluso podemos juzgar la motivación de cierta decisión: «No va al *baby shower* porque, como no ha podido quedar embarazada, le da envidia». Pero, quizás, la persona no se siente suficientemente fuerte para estar ahí, a pesar de que se goza en que esa amiga vaya a tener lo que ella anhela.

«Ella no se deja ayudar; ahora mismo no quiere que nadie vaya a su casa». Quizás esa mujer que ha perdido a su esposo se ha dado cuenta de que necesita un tiempo para sufrir junto a sus hijos y fortalecerse como familia, y eso no significa que está cerrando las puertas para siempre.

Evitemos ponernos en posiciones de jueces y, en lugar de juzgar, tengamos la disposición de amar, preguntar, entender y dar espacio cuando aquel que sufre lo necesita.

9. Ayúdale a mirar hacia arriba

Cuando alguien está sufriendo, nuestra tendencia es decir o hacer lo que podamos para solucionar el dolor del otro, y como muchas veces no tenemos la capacidad de arreglar su situación, señalamos a lo que pensamos que Dios va a hacer o lo que les puede dar.

«Dios te puede dar otro hijo». «Ten fe en que Dios va a solucionar tu situación económica». «No te preocupes, Dios va a hacer que ese hijo regrese a casa». Sin duda, Dios puede hacer todo eso y más. Nuestro Dios es poderoso para hacer todo cuando quiera y nadie puede estorbar Su mano. Pero, por un lado, nosotras no sabemos lo que Dios va a hacer. Podemos tener el deseo de que Él se mueva de alguna manera en particular, pero el Señor sabe más que nosotras y no podemos tener la certeza de que Dios va a actuar de la manera en la que esperamos.

Por otro lado, aquel que sufre debe poner sus ojos en Cristo y no en aquello que Él quiera o no darle. No podemos tratar de llevar paz al corazón señalando a lo que Dios puede dar, sino a Cristo, quien es nuestra paz. No a lo que puede dar, sino a quién es Él. No a los milagros que pueda hacer, sino a Su carácter firme y Sus promesas fieles que no cambian.

10. Recuérdale las promesas

Necesitamos dar nuestra compañía, escuchar y servir, pero llegará el momento cuando quien está sufriendo querrá hablar de su dolor. Esa persona traerá sus pensamientos, lo que está sintiendo y sus preguntas. Cuando ese momento llegue, llévale las verdades del evangelio de nuestro Señor Jesús. Con toda probabilidad, no tendrás las respuestas a todas sus preguntas, pero sí puedes apuntarle a Aquel en quien está nuestra esperanza:

Yo sé que mi Redentor vive,
Y al final se levantará sobre el polvo.
Y después de deshecha mi piel,

Aun en mi carne veré a Dios ;
Al cual yo mismo contemplaré,
Y a quien mis ojos verán y no los de otro... (Job 19:25-27).

Anima a esta persona con la seguridad del amor de Cristo. Recuérdale que Dios no la ha abandonado. Señala cada una de Sus promesas que son seguras en Cristo: Sus promesas de sabiduría, de consuelo, de fortaleza, de compañía y seguridad en Él. Señala al Varón de dolores que nos extiende Su compasión, porque nadie entiende nuestro dolor mejor que Él:

"Fue despreciado y desechado de los hombres,
Varón de dolores y experimentado en aflicción;
Y como uno de quien los hombres esconden el rostro,
Fue despreciado, y no lo estimamos.
Ciertamente Él llevó nuestras enfermedades,
Y cargó con nuestros dolores.
Con todo, nosotros lo tuvimos por azotado,
Por herido de Dios y afligido.
Pero Él fue herido por nuestras transgresiones,
Molido por nuestras iniquidades.
El castigo, por nuestra paz, cayó sobre Él,
Y por Sus heridas hemos sido sanados (Isa. 53:3-5).

Jesús conoció el aguijón del rechazo. Conoció la tentación, la vergüenza, la pérdida y el dolor. Jesús vino a soportar todos nuestros dolores y penas, nuestro pecado y vergüenza.

Él y solo Él es nuestra esperanza segura en medio del dolor. Que nuestros ojos estén fijos en Él para que podamos llevar a aquel que sufre a mirarlo a Él.